Anonymus

Bauten in Stampfbeton, Monierbeton und Moniermauerung

Fabrikation von Monier- und Betonröhren.

Anonymus

Bauten in Stampfbeton, Monierbeton und Moniermauerung
Fabrikation von Monier- und Betonröhren.

ISBN/EAN: 9783743336803

Hergestellt in Europa, USA, Kanada, Australien, Japan

Cover: Foto ©ninafisch / pixelio.de

Manufactured and distributed by brebook publishing software (www.brebook.com)

Anonymus

Bauten in Stampfbeton, Monierbeton und Moniermauerung

Wayss & Freytag

Neustadt a. d. Haardt und München.

⇜ BAUTEN ⇝
in Stampfbeton, Monierbeton und Moniermauerung.

Fabrikation von Monier- und Betonröhren.

FABRIKEN
in Neckarau bei Mannheim und Neustadt a. d. Haardt.

Filiale für das Königreich Bayern excl. Rheinpfalz:
Wayss & Freytag in München, Linprunnstrasse 77.

Vertreter für das Königreich Württemberg:
Architekt Carl Schmid, Stuttgart, Neckarstrasse 172.

Vertreter für das Grossherzogthum Luxemburg, Belgien und Lothringen:
Ingenieur Brey in Luxemburg.

1895.

Druck W. Büxenstein, Berlin.

Inhalts-Verzeichniss.

	Seite
Vorwort	1—2
Anwendungsgebiet	3—5

A. Hochbau.

I. Feuersichere Deckenkonstruktionen
   1. Decken in Stampfbeton .... 6—7
   2. „ „ Monierbeton .... 7—9
   3. „ „ nach „System Holzer" .... 9—10
   4. „ „ in Moniermauerung .... 10—12

II. Gewölbekonstruktionen
   1 Tragende Gewölbe .... 12—14
   2. Dekorative Gewölbe .... 14—18

III. Feuersichere Treppenanlagen .... 19—22

IV. Dächer .... 23—25

V. Feuersichere Wände, diebessichere Tresoranlagen, Säulen-Ummantelungen .... 25—27

VI. Fussböden
   1. Trottoirs und Fabrikfussböden 28
   2. Fussböden auf schlechtem Baugrund .... 29—30
   3. Wasserdichte Kellerböden .... 30—31

VII. Verschiedenes
   1. Springbrunnenbassins 32
   2. Transportable Asch- und Müllkasten .... 32—33
   3. Abortanlagen .... 34—35

B. Ingenieurbauwesen.

I. Canalisation (Röhrenverzeichniss) .... 36—46
II. Durchlässe und Brücken .... 47—50
III. Wasserversorgung .... 51—56
IV. Badeanstalten .... 57—60
V. Turbinen- und Wehrbauten, Quaimauern 60

C. Landwirthschaftliche Anlagen.

Stallgebäude, Dunggruben, Latrinengruben .... 61—64

D. Industrielle Anlagen.

I. Brauereien, Mälzereien, Brennereien .... 65—70
II. Gerbereien .... 65 u. 71
III. Cementfabriken .... 65 u. 72
IV. Papierfabriken .... 73—79

Vorwort.

Die Anwendung der von uns als Spezialität betriebenen Baumethoden — Stampfbeton, Monierbeton und Moniermauerung — ist eine so vielfache geworden und es sind im Laufe der Zeit so viele Variationen entstanden, dass es selbst demjenigen, welcher diese Bauweisen mit Interesse verfolgt hat, oft schwer wird, in jedem speziellen Falle die geeignetste Baumethode zu wählen, und werden dadurch gewöhnlich umständliche Korrespondenzen erforderlich.

Sehr erschwert wird eine Orientirung noch dadurch, dass die Veröffentlichungen über diese Baumethoden in verschiedenen Fachzeitschriften zerstreut sind und sich auf eine ganze Reihe von Jahren vertheilen.

Wir entsprechen daher einem seitens der Herren Interessenten vielfach geäusserten Wunsche, wenn wir denselben einen illustrirten Katalog zur Verfügung stellen. Es ist selbstredend unmöglich, in einem solchen alle Variationen zu behandeln, welche ausführbar, oder auch nur alle, welche bereits ausgeführt sind. Den Zweck einer leichteren Orientirung und Vereinfachung der Korrespondenz hoffen wir mit diesem Katalog dennoch zu erreichen.

Sämmtliche Zeichnungen beziehen sich bis auf wenige kenntlich gemachte Ausnahmen, welche als Projekte bezeichnet sind, auf von uns ausgeführte Arbeiten.

Von der Angabe von Preisen mussten wir absehen, da dieselben zu sehr von den lokalen Verhältnissen und von dem Umfange der Arbeit etc. abhängen.

Die übliche Preisangabe in Katalogen, bei welcher hohe Rabatte gewährt werden, oder eine so hoch gestellte, dass sie unter allen Umständen ausreicht, würde nur Irrthümer hervorrufen.

Wir sind jedoch in jedem Falle auf Anfragen mit nur allgemeinen Angaben über Grösse des Objektes und Lage desselben gerne bereit, unentgeltlich Projekt und Kostenanschlag anzufertigen, und **wir werden, wenn nicht eine bestimmte Ausführungsart gewünscht wird, stets die in dem betreffenden Fall für den Auftraggeber vortheilhafteste in Vorschlag bringen.**

Wir haben in neuerer Zeit zwei neue Systeme zur Ausführung übernommen, und zwar das „**System Holzer**" D. R. P. No. 78 498 und die „**Moniermauerung**".

Näheres über dieselben ist zu finden in den Broschüren:

„Das „System Holzer" von Wayss und Freytag, Neustadt a. Haardt 1895",

„Die Moniermauerung von G. A. Wayss, Berlin 1895",

welche wir den Herren Interessenten kostenlos zur Verfügung stellen.

Im Uebrigen verweisen wir auf die Broschüre „Das System Monier" von G. A. Wayss, Berlin 1887.

Anwendungsgebiet unserer Baukonstruktionen.

Im Hochbauwesen.

Gerade und gewölbte feuersichere **Decken** in Stampfbeton, in Monierbeton, nach System Holzer und in Moniermauerung.

Feuersichere **Treppen und Podeste**, abgetreppte **Sitzreihen** für Tribünen, Auditorien, Theater u. dgl.

Feuerfeste **Unterdecken** für Holzcement-, Metall-, Asphalt- uud Asphaltfilz-**Dächer**, in Form von Sattel-, Pult-, Sheddächern etc., als weitgespannte Gewölbe oder als Kuppeln.

Feuersichere **Wände**, feuer- und diebessichere Tresor- und Archivanlagen, Ummantelung von Eisenkonstruktionen (Säulen, Stützen, Trägern etc.).

Trottoire, Hof- und Fabrikböden, wasserdichte Abdeckungen für Lagerkeller von Wein, Bier etc.

Böden auf schlechtem Baugrunde.

Kellerdichtungen, Heiz- und Lüftungs-Kanäle im Grundwasser.

Einrichtung von **Wasch-** und **Badeanstalten**, Brausebäder, Schwimmbassins, Scheidewände, Badewannen und Wasserbehälter.

Wasserdichte **Abortgruben und Aborttonnen.**

Transportable **Asch- und Müllkästen.**

Springbrunnenbassins und Aquarienbehälter.

Feuersichere **Keller** für Petroleum, Spiritus, Benzin etc.

Im Ingenieurbauwesen.

Rohrleitungen für **Kanalisation** und Drainage, Einsteigschächte, Revisionsschächte, Hof- und Strassensinkkasten.

Eisenbahn-, Strassen-, Kanal - **Ueber- und Unterführungen**, Brücken und Stege.

Beläge für Fusswege und Fahrbahnen von Brücken.
Auskleiden schadhafter **Tunnels** während des Betriebes.
Schachtauskleidung in Bergwerken.
Wasserversorgung, Quellenfassungen, Brunnenkammern, Sickerleitungen und Gallerien, Brunnenschächte, Zuleitung zu den Hochbehältern.
Wasser- und Gasometerbehälter, Hochbehälter.
Filteranlagen, Klärbassins für Kanalwässer. Enteisenungsanlagen.
Badeanstalten.
Reinigungs-**Theer- und Ammoniakgruben.**
Fundirungen von Maschinen, Kesseln und Dampfschornsteinen.
Turbinenanlagen.
Wehrbauten. Quaimauern.

In der Landwirthschaft.

Böden und dunstdichte **Gewölbe** für Stallungen.
Box- und **Scheidewände.**
Lüftungsschlote.
Futterkrippen und Viehtränken.
Dung- und Jauchegruben.
Fäkalienbehälter.
Behälter für Rübenschnitzel und Malztreber.
Springbrunnenbassins und Weiheranlagen.
Wasser- und Pflanzenkübel.
Offene und geschlossene **Gerinne** für Wasser-Zu- und Ableitungen, Wiesenbewässerung und Drainage etc.

In der Industrie.

Brauereien, Mälzereien und **Brennereien:** Kelleranlagen mit Isolirdecken und Ventilation.
Asphaltböden für Gär- und Lagerkeller.
Unter- und oberirdische Eiskeller.
Feuersichere Malzdarren.
Gerstenweichen.
Flache, leicht ansteigende Sudhausgewölbe mit Dunstabzügen.
Wasserfilter zur Enteisenung des Wassers.
Zuckerfabriken: Gerinne und Kanäle zur Rübenwäsche.
Melasse- und Schlempebehälter.
Gerbereien: Lohgruben und Behälter für heisses Wasser.
Cementfabriken: Rollöfen und Silos.
Papier- und Zellstofffabriken, Bleichereien, Färbereien und Appreturanstalten: Bleich-, Wasch- und Halbzeug-Holländer, Ab-

tropfkästen, Klärbassins, Stoffkästen, Rührbütten, Chlorkästen und Säurebehälter.
Filter zur Enteisenung des Wassers.
Leichte, nicht tropfende Schutzdecken über Papiermaschinen, Fundamente für Papiermaschinen.

Mühlen: Decken und Böden mit und ohne Vorrichtung zur Getreiderieselung. Silos mit und ohne Luftzuführung. Maschinenfundamente.

Schlachthäuser und Kühlanlagen, Markthallen: Gewölbe über Stallungen, Schlacht- und Kühlräumen, letztere mit Isolirung. Dächer und Gallerie-Gewölbe für Schlacht- und Markthallen. Scheidewände, Fussböden, Lüftungsschlote, Krippen und Tränktröge. Pökelbottiche. Wasser- und Fischbehälter. Brunnen, Dung- und Jauchegruben. Kaldaunen-Wäsche (Kutteleien). Abortbehälter. Kanäle für Dampf- und Kaltluftleitung. Maschinenfundamente.

A. Hochbau.

I. Feuersichere Deckenkonstruktionen.

Für Kostenanschläge sind folgende Angaben nöthig:
Nutzlast, freie Stützweite und gewünschte Konstruktionsart. Bei entlegenen Plätzen die Transportkosten von der nächstgelegenen Bahnstation. Wenn es gewünscht wird, sind wir auch bereit, in die Grundrisse diejenige Trägereintheilung einzuzeichnen, welche die Minimalkosten pro qm Decke incl. Stützen und Träger ergiebt, und die vortheilhafteste Konstruktionsart in Vorschlag zu bringen.

1. Decken in Stampfbeton (Fig. 1—4).

a) **Ebene Ausbetonirung ohne Fussboden** (Fig. 1).
b) **Ebene Ausbetonirung mit Holz-Fussboden** (Fig. 2).
c) **Ebene Ausbetonirung mit Cement- oder Asphaltfussboden** (Fig. 3).
d) **Ebene Ausbetonirung mit kassettirter Unteransicht, ebenfalls für Holz- oder massiven Fussboden** (Fig. 4).

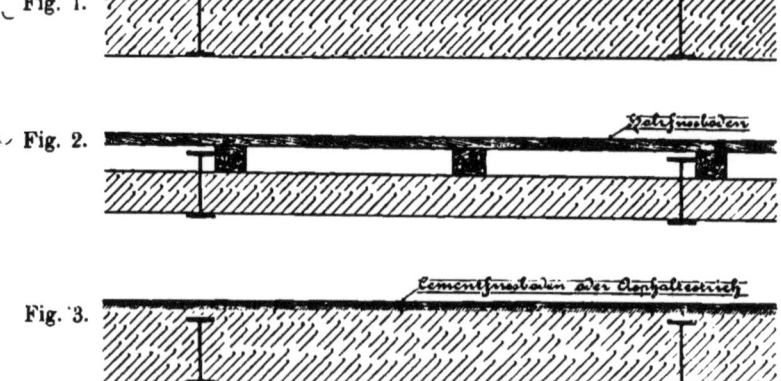

Fig. 1.

Fig. 2.

Fig. 3.

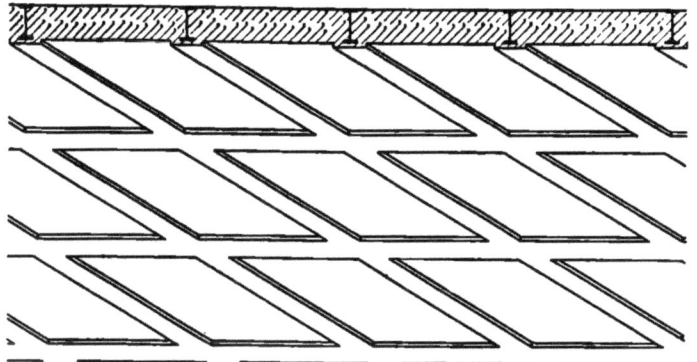

Fig. 4.

Diese Art Decken sind zu empfehlen, wenn aus irgend welchen Gründen die Träger eng gelegt werden müssen (bis 80 cm), oder auch dann, wenn auf eine grosse Steifigkeit der Decke Werth gelegt wird, z. B. wenn auf dieselbe Maschinen kommen, für welche eine Vibration des Fussbodens schädlich ist.

Diese Decken sind feuersicher; die Dauerhaftigkeit derselben während des Brandes wird wesentlich erhöht durch Ummantelung der unteren Flanschen der I Träger. Der Verputz haftet gut. Die Decken erfordern jedoch ihres grossen Gewichtes wegen viel Eisen für die Träger, Unterzüge und Stützen, stärkere Umfassungsmauern und Fundamente und sind daher bei Berücksichtigung aller dieser Faktoren im allgemeinen theuer.

2. Decken in Monierbeton (Fig. 5—11).

a) Ebener Monierboden über Holzbalken behufs feuersicheren Abschlusses gegen den Dachstuhl (Fig. 5).

b) Ebene Monierdecke, zugleich Fussboden auf den Trägern aufliegend (Fig. 6).

c) Ebene Monierdecke auf dem Unterflansch aufliegend; letzterer bleibt sichtbar und kann Oelfarbenanstrich erhalten (Fig. 7).

d) Desgleichen, jedoch mit Ummantelung des Unterflansches, um eine Deformation der Träger im Feuer zu verhindern (Fig. 8).

e) Kassettirte Monierdecken, event. zugleich den Fussboden der oberen Etage bildend (Fig. 9 und 10).

f) Hohldecke zur Erzielung geringeren Eigengewichtes (Fig. 11)

Diese Decken werden bis 2,50 m Spannweite ohne Schalung und Rüstung auf sogenannten Holzermatten ausgeführt, haben ein sehr geringes Eigengewicht und eignen sich besonders für Wohnhausdecken, Korridore etc: Letztere können auf diese Weise ohne Anwendung von I Trägern überdeckt werden. Der Putz ist durch ein Rohrgewebe in vollkommen sicherer Verbindung mit der eigentlichen Decke. Schwere Stuckarbeiten, Kronleuchter etc. etc. können mit Leichtigkeit an der Decke befestigt werden.

Sehr elegant und leicht sind die Kassettendecken, bei welchen jede beliebige Quertheilung durch Hohlkörper, die in ähnlicher Weise wie die Decke selbst ausgeführt werden, möglich ist.

Die Decken nach „System Holzer" haben alle guten Eigenschaften der Monierdecken, sind jedoch billiger, da sie keine Schalung erfordern. Durch Einlegen von Querstäben können dieselben auch ebenso stosssicher hergestellt werden wie die Monierdecken.

Anmerkung:

Ausführlich sind diese Decken in unserer Broschüre: „Das System Holzer" behandelt, welche Interessenten kostenlos zur Verfügung steht.

4. Decken in Moniermauerung (Fig. 16–22).
(Mauerung mit Eiseneinlagen). D. R. M.

a) $1/4$ Stein starke Decken mit Rundeiseneinlagen auf $1/2$ Steinlänge (Fig. 16).

b) $1/2$ Stein starke Decken mit Rundeiseneinlagen auf 1 Steinlänge (Fig. 17).

c) $1/2$ Stein starke Decken mit Rundeiseneinlagen auf $1/4$ Steinlänge (Fig. 18).

d) $1/4$ Stein starke Decken mit ⊥ Eiseneinlagen auf 1 Steinlänge (Fig. 19).

e) $1/4$ Stein starke Decken mit ⊥ Eiseneinlagen auf $1/2$ Steinlänge (Fig. 20).

f) $1/2$ Stein starke Decken mit ⊥ Eiseneinlagen auf 1 Steinlänge (Fig. 21).

g) $1/2$ Stein starke Decken mit ⊥ Eiseneinlagen auf $1/4$ Steinlänge (Fig 22).

Diese Decken sind ebenfalls feuersicher, jedoch ist der Putz der Unterflanschen der I Träger nicht in so solider Weise in Verbindung mit der Decke zu bringen wie z. B. bei den Holzerdecken. Diesen und den Monierdecken gegenüber haben dieselben noch den Nachtheil der geringeren Elastizität, so dass sie den bei Bränden vorkommenden Deformationen der I Träger weniger folgen können, dagegen ist die Widerstandsfähigkeit gegen Stösse nicht wesentlich geringer als bei den vorgenannten Decken.

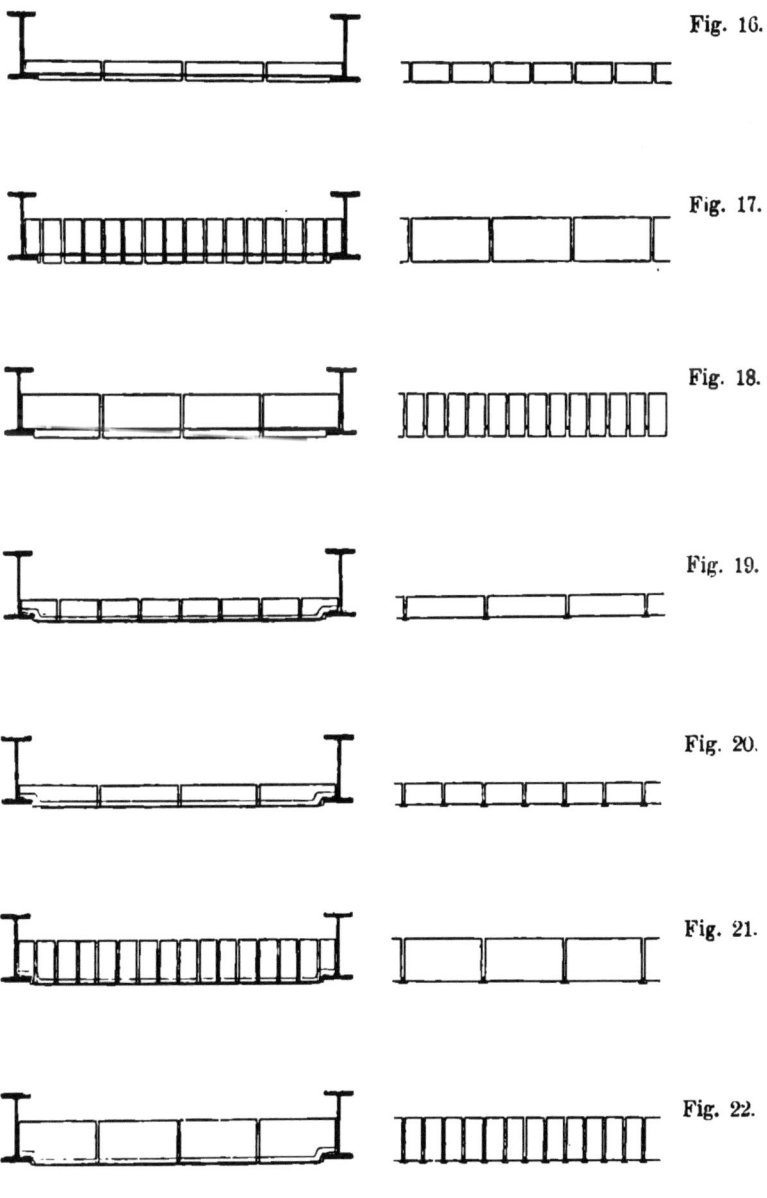

Fig. 16.
Fig. 17.
Fig. 18.
Fig. 19.
Fig. 20.
Fig. 21.
Fig. 22.

Dieselben werden besonders im Wohnhausbau mit Vorliebe angewandt wegen ihrer leichten und einfachen Ausführung und wegen der Ersparniss an Füllmaterial.

Besonders zu empfehlen sind diese Decken ihrer Billigkeit halber: wo die Unterflanschen der I Träger sichtbar bleiben können (der Putz haftet ohne besondere Vorkehrungen nicht gut an den Träger-Unterflanschen), wo die Spannweiten nicht erheblich sind, wo die Decken keine schweren Stuck-Dekorationen etc. erhalten sollen.

Anmerkung: Ueber die Tragfähigkeit etc. dieser Decken enthält die Broschüre: „Die Moniermauerung" nähere Angaben.

II. Gewölbekonstruktionen.

Für Kostenanschläge sind folgende Angaben nöthig:

Nutzlast, freie Stützweite, gewünschte Konstruktionsart und vorhandene Konstruktionshöhe; bei entlegenen Plätzen die Transportkosten von der nächstgelegenen Bahnstation.

Für dekorative Gewölbe ist die Einsendung einer Skizze der gewählten Ausbildung nöthig.

1. Tragende Gewölbe (Fig. 23—28).

a) In Stampfbeton (Fig. 23).
b) Einfaches Moniergewölbe (Fig. 24).
c) Moniergewölbe mit Aussteifung der Träger oder Ausbetonirung bis Träger-Oberkante für Holzfussboden (Fig. 25 und 26).
d) Moniergewölbe mit Ausbetonirung bis Trägeroberkante für Linoleum-, Cement-, Asphalt-, Fliesen-, Parquetboden (Fig. 27).
e) Die gleiche Ausführung wie unter b bis d, jedoch nach „System Holzer" oder in „Moniermauerung".

Diese Gewölbe können nach allen 4 für die Decken vorgeschlagenen Methoden zur Ausführung kommen. Die Betongewölbe werden schwer, etwas weniger schwer die Moniermauerungen, die Monier- und Holzergewölbe sind die leichtesten. Die beiden letzteren Gewölbearten sind in solchen Fällen, wo Gebäudemauern und Zwischenwände als Auflager dienen können, sehr vortheilhaft anzuwenden, da sie in jeder Spann-

weite und bei geringster Pfeilhöhe herstellbar sind und dadurch die
I Träger in Wegfall kommen können (Fig. 28).

Dieselben bieten auch die grösste Sicherheit gegen Stosswirkungen
und sind vollständig feuersicher.

Für grössere Spannweiten und grosse Belastungen sind die Monier-
oder Holzergewölbe wegen ihres geringen Eigengewichtes von beson-
derem Vortheil. Zur Erhöhung der Feuersicherheit ist die Ummantelung
der Unterflanschen der I Träger, im Falle solche zur Anwendung gelangen,
sehr zu empfehlen. Dieselbe wird in solider Verbindung mit den Eiseneinlagen der Gewölbe hergestellt.

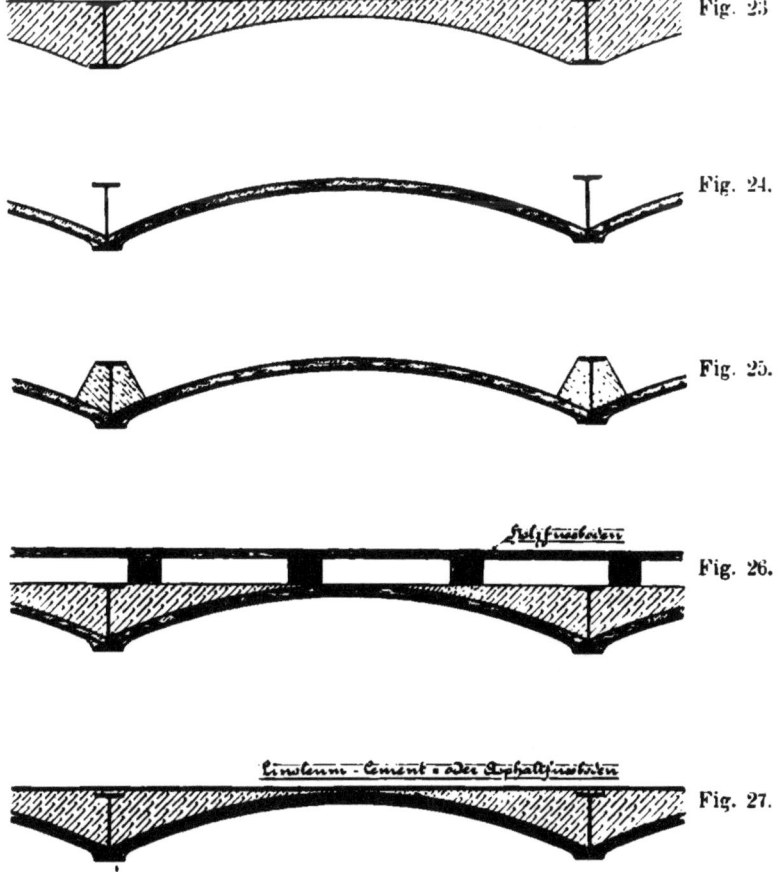

Fig. 23.

Fig. 24.

Fig. 25.

Fig. 26.

Fig. 27.

Fig. 28.

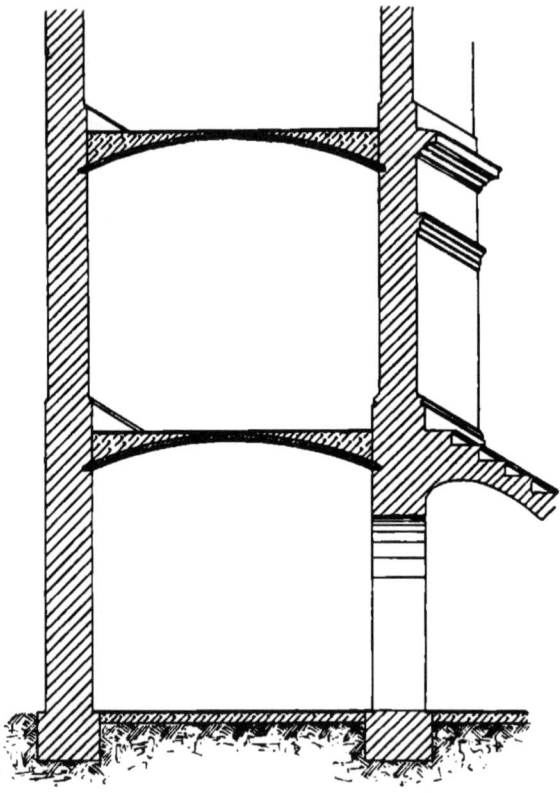

2. Dekorative Gewölbe (Fig. 29—34).

Diese Gewölbe

a) Tonnengewölbe   Fig. 29,
b) Korbbogengewölbe   „   30,
c) Kreuzgewölbe   „   31,
d) Kuppelgewölbe   „   32,
e) Mulden- bezw. Spiegelgewölbe 33—34

werden in jeder Form ausgeführt und zwar in solidester Weise nach dem Moniersystem.

Kassetirtes Tonnengewölbe.

Fig. 29.

Fig. 30.

Schnitt.

Fig. 31.

Grundriss.

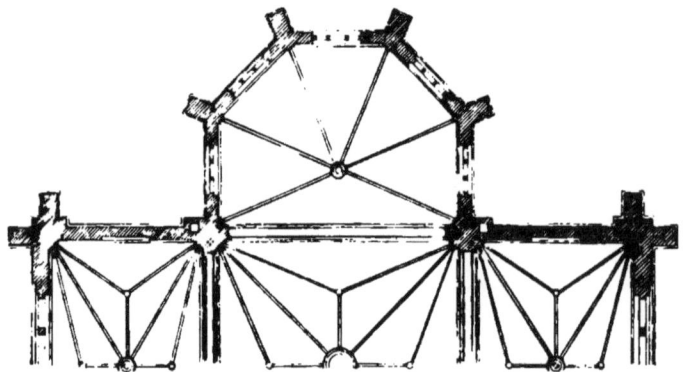

Fig. 32.

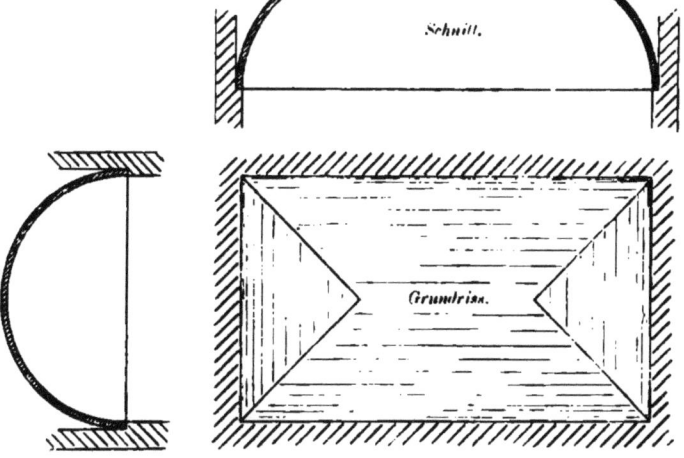

Fig. 33.

Fig. 34.

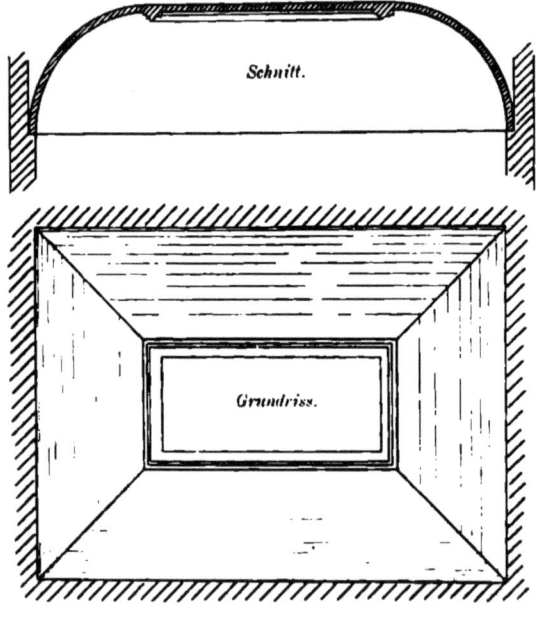

Dieselben bieten den denkbar besten Schutz bei Dachstuhlbränden, da die verschiedenen Flächen vollständig durch Eisenflechtwerk zusammenhängen. An und für sich feuersicher, sind sie imstande, herabfallende Balken etc. aufzuhalten. Ein wesentlicher Vortheil der Gewölbe besteht in der grossen Leichtigkeit, infolge deren die Mauern und Stützen nur wenig belastet werden und somit nicht nur die Möglichkeit eleganter Gestaltung, sondern auch der Ersparniss an Hilfskonstruktionen gegeben ist.

Aus diesem Grunde finden die dekorativen Monier-Gewölbe bei Kirchenbauten etc. vielfache Anwendung und sind beispielsweise zur Ausführung gelangt in der

    Marienkirche in Hirsau (Württemberg),
    Katholischen Kirche in Mussig (Elsass),
    Neuen Kapuzinerkirche in München,
    Katholischen Kirche in Pondorf b. Regensburg etc. etc.

Die Flächen können durch Fluatieren für jede Art Malerei hergerichtet werden, worüber uns vielfache Erfahrungen zur Seite stehen.

III. Feuersichere Treppenanlagen (Fig. 35—38).

Zur Veranschlagung sind erforderlich: Grundrisse der verschiedenen Etagen, Angaben der Geschosshöhen und des gewünschten Stufenbelages (Holz, Fliesen. Cement, Marmor, Linoleum u. s. w.).

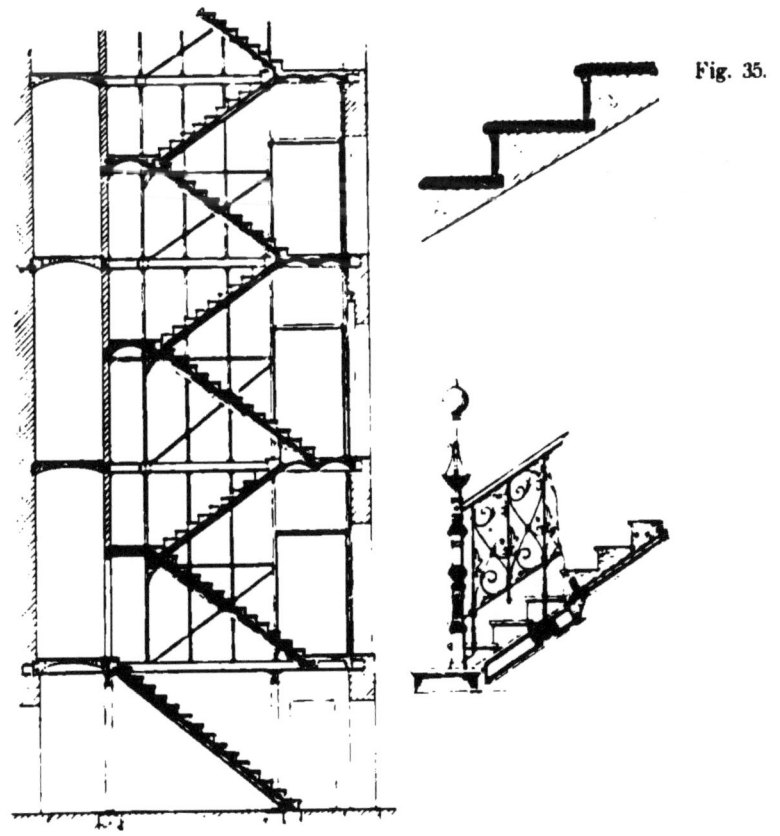

Fig. 35.

Die Mannigfaltigkeit der bei Treppenanlagen vorkommenden Konstruktionsformen bietet dem „System Monier" vielfach Gelegenheit, beim

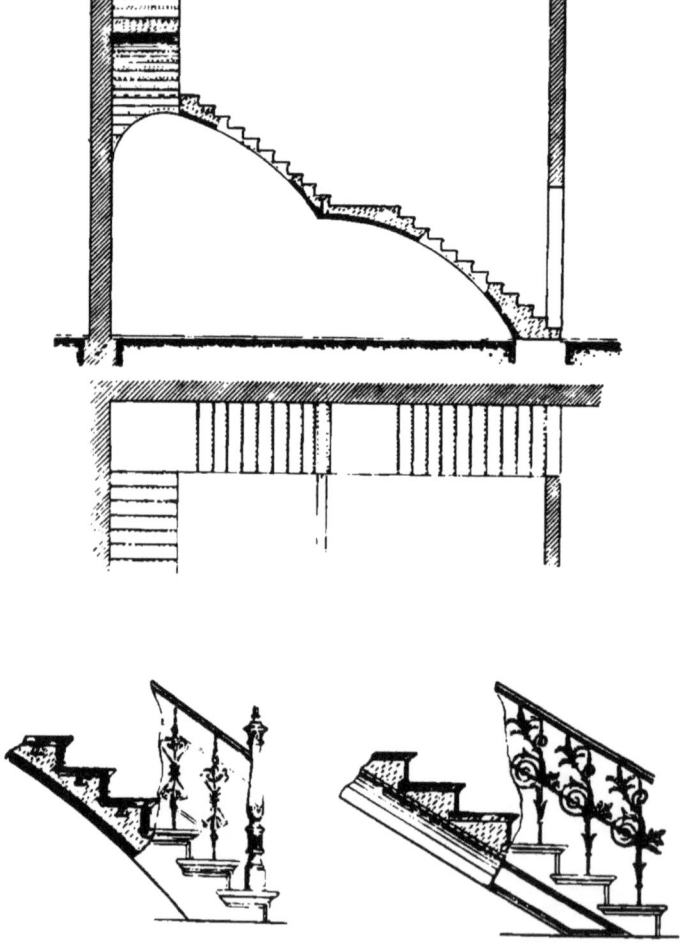

Fig. 36.

Baue ganzer Treppenanlagen oder einzelner Theile derselben verwendet zu werden.

Bei einfachen Treppen, deren Wangen aus Eisenträgern bestehen, können leichte Moniergewölbe oder ebene Decken zwischen diese Träger und die Umfassungswände eingebaut und hierauf die einzelnen Stufen, entweder aus Beton oder ebenfalls aus Monierplatten bestehend, aufgelegt werden (Fig. 35.) Zur Erhöhung der Feuersicherheit empfiehlt es sich, hierbei auch die Treppenwangen (Eisenträger) in dünne Monierkörper einzuhüllen.

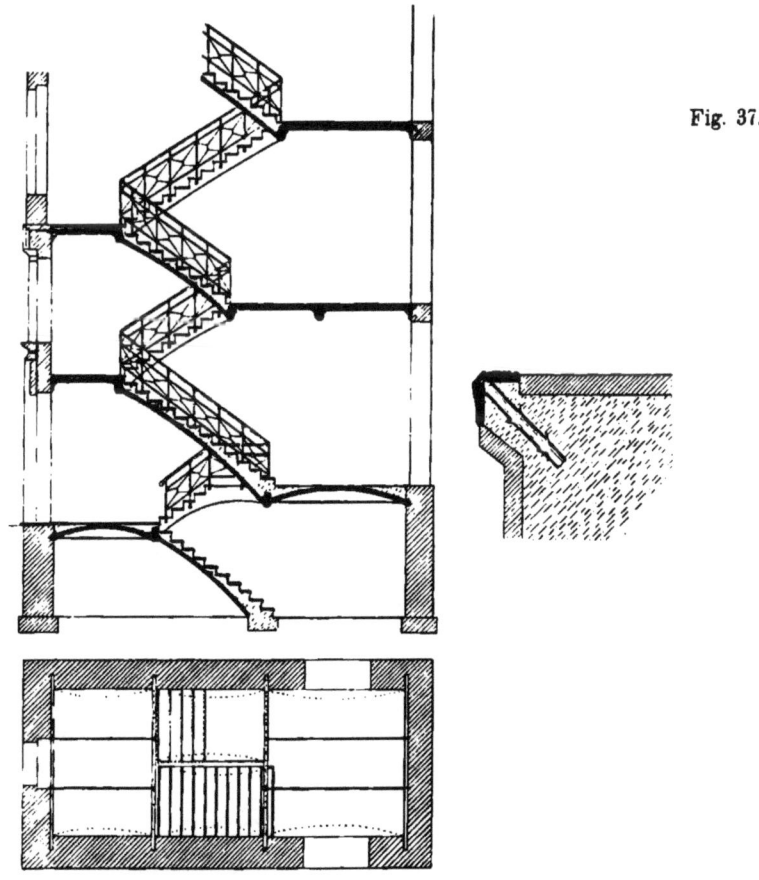

Fig. 37.

Bei grösseren Treppenanlagen gestattet das „System Monier" durch die Leichtigkeit seiner Konstruktionen, sowie durch die Möglichkeit, komplizirte, reich gegliederte und geschmückte Formen mit demselben bilden zu können, vielseitige Verwendung zur Herstellung der stützenden als auch der gestützten Konstruktionsglieder (Fig. 36—38).

Fig. 38.

Aufsicht auf das Moniergewölbe mit Quer- und Gratträger.

Längenschnitt a—b.

Grundriss.

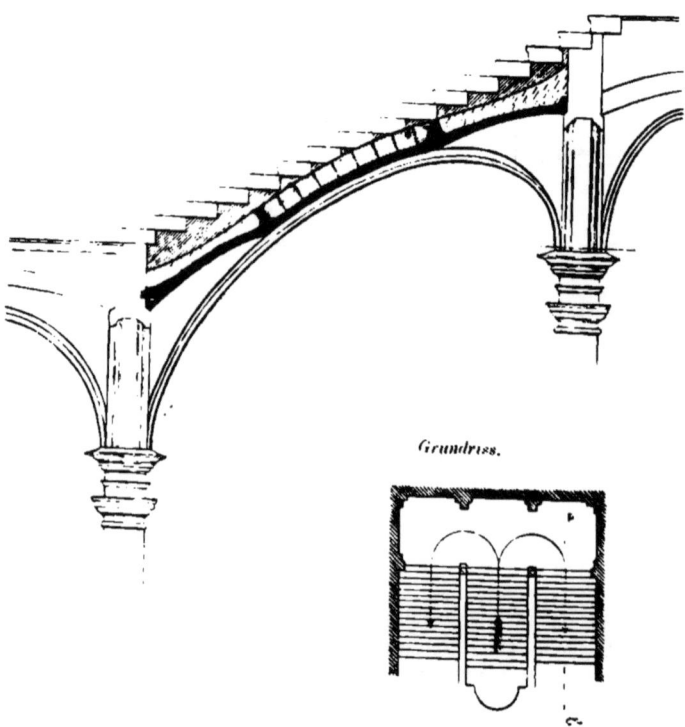

IV. Dächer (Fig. 39—40).

In vorzüglicher Weise eignen sich die Monier- und Holzerkonstruktionen zur Herstellung feuersicherer Bedachungen.

Zur Ausführung ebener Dächer empfiehlt sich die Ausbildung als ebene Platte, wie Fig. 6 und 14 des Katalogs zeigt; dieselbe kann mit Holzcement oder Asphalt abgedeckt werden.

Derartige Dächer finden auch zur Aufnahme von Garten-Anlagen Verwendung.

Kuppeldach nach System Monier
zur Eindeckung mit Kupferplatten.

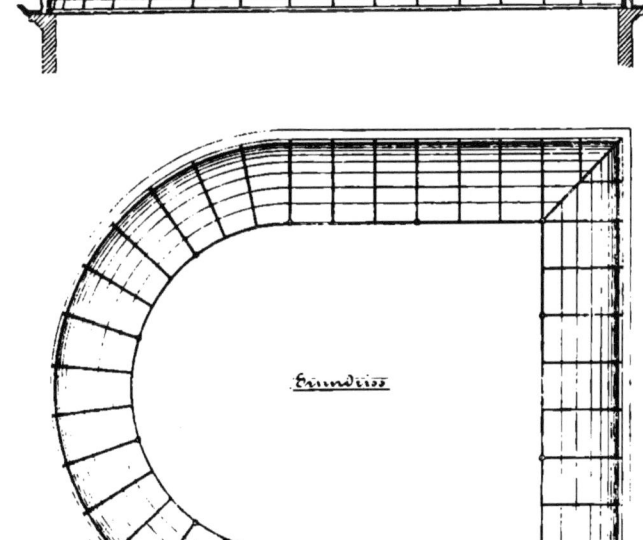

Fig. 39.

Fig. 40.

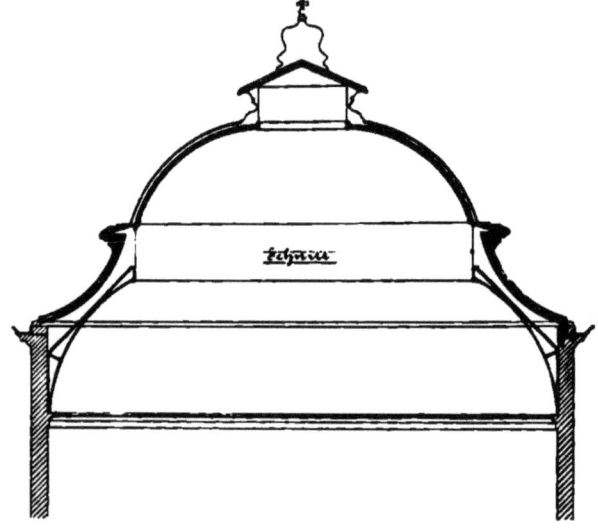

Grundriss.

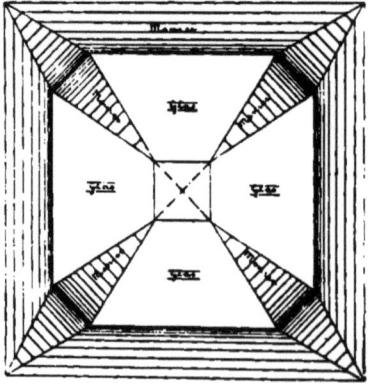

Zur Ueberdeckung grösserer Räume ohne Zwischenstützen und ohne Dachbinder empfiehlt es sich, leichte Gewölbe zu spannen (ausgeführt bis 18,00 m Spannweite), welche mit Dachpappe oder Siebel'schen Patent-Platten gedichtet werden können.

Zur Herstellung unvergänglicher Dachkonstruktionen bei Monumentalbauten ist das Moniersystem die beste Ausführungsweise, da sich dieselbe jeder gewünschten Form, hauptsächlich bei Kuppeln mit oder ohne Dachdurchbrechung, anzupassen vermag. Derartige Kuppeldächer werden am besten mit Kupferplatten abgedeckt, die an der Monierkonstruktion durch besondere Vorrichtung leicht und auf das Solideste befestigt werden können (Fig. 39—40).

Derartige Kuppeldächer gelangten bei den Monumentalbauten des Herrn Oberbaudirektor Prof Dr. Durm-Karlsruhe, im Kaiserin Augustabad in Baden-Baden und im Erbgrossherzoglichen Palais in Karlsruhe zur Ausführung.

V. Feuersichere Wände Diebessichere Tresoranlagen Säulenummantelungen nach „System Monier".

Diese Wände ermöglichen ihrer geringen Stärke wegen eine erhebliche Raumersparniss, belasten den Fussboden nicht und übertragen aufgebrachte Lasten auf die Seitenwände, zwischen welche sie gespannt sind (Fig. 41).

Dieselben eignen sich besonders zu Abschlusswänden gegen Durchdringen des Feuers, z. B. Brandmauern (Fig. 42), Korridorwände, Abschlusswände für Räume, in welchen feuergefährliche Gegenstände aufbewahrt werden (Laboratorien). Im Zirkus Renz in Berlin ist der Reitergang mit Monierwänden ausgeführt und dadurch eine grosse Raumersparniss erzielt worden. Aussenwände können ebenso hergestellt werden, z. B. Umfassungswände des Dioramas im Krystallpalast zu Leipzig.

Diese leichten Wände können zwischen das Eisenfachwerk eingespannt werden, so dass ausser der Fundation für die eisernen Stützen keine weitere Fundation erforderlich ist.

In grösserer Stärke und unter Verwendung von mehrfachen Eiseneinlagen in geeigneter Anordnung empfiehlt sich diese Konstruktion besonders zur Herstellung vollständiger Tresoranlagen. Dieselben sind feuer- und diebessicher.

Versuche im Vergleich mit Panzerplatten haben gezeigt, dass eine derartige Monierkonstruktion den Angriffen mit Zentrumbohrer und Sauerstoff-Stichflamme erfolgreich Widerstand leistet. Infolge dessen hat unsere Ausführungsweise vielfache Anwendung gefunden, z. B. in einer grossen Zahl von Berliner, Münchener, Augsburger, Strassburger, Kölner und Luxemburger Bankhäusern.

— 26 —

Fig. 41.

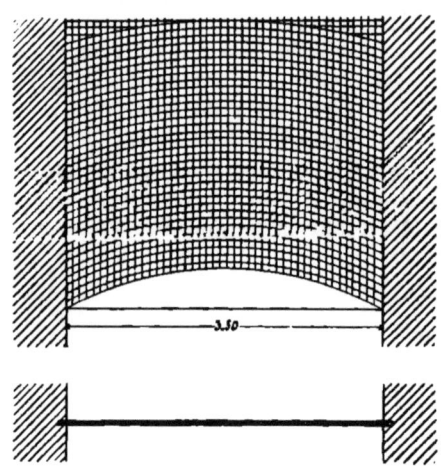

Fig. 42.

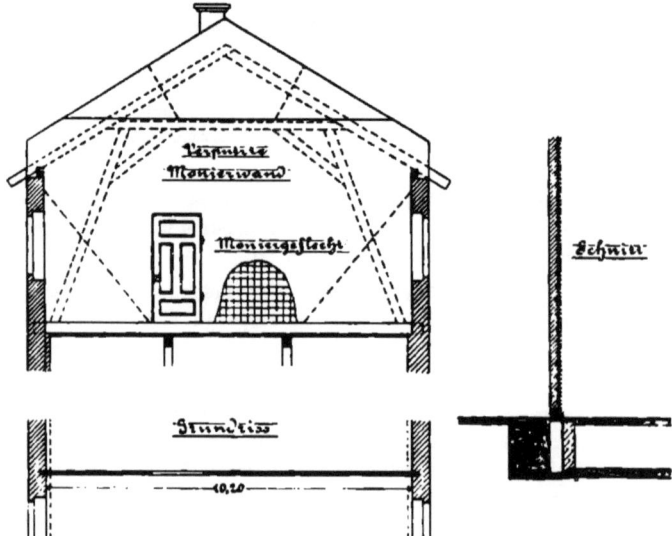

Zur Sicherung von eisernen Konstruktionsteilen gegen den Angriff des Feuers hat das System Monier vielfache Anwendung gefunden.

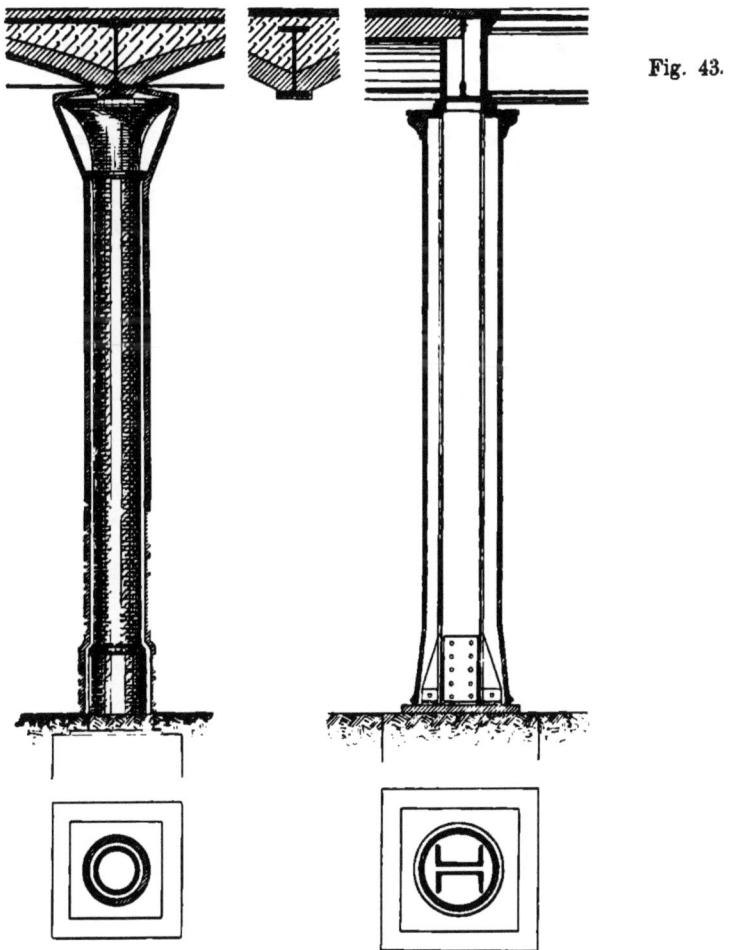

Fig. 43.

Insbesondere sind stark belastete Säulen gegen ein Heisswerden und damit verbundener Deformation bei Brandunfällen dadurch wirksam zu schützen, dass dieselben mit einem Moniermantel umkleidet werden und zwischen beiden eine isolierende Luftschicht verbleibt (Fig. 43).

VI. Fussböden.

1. Trottoirs und Fabriklandböden (Fig. 44–45).

a) In einem Stück hergestellt mit Plattenausteilung (Fig. 44). Bei breiten Trottoirs ist das Mosiksystem vorzuziehen, da dasselbe elastischer ist und die Flächen bei gefrorenem Boden nicht reissen (Fig. 45).

b) In fertigen erhärteten Platten verlegt. Diese Platten werden gewöhnlich in Grössen von 1,0×1,65 und 0,8×1,65 m verlegt, weil sie leicht zu handhaben sind, es werden deshalb von diesen Platten stets grosse Vorräthe auf Lager gehalten. Platten in anderen Abmessungen werden auf Wunsch in kürzester Frist hergestellt.

Mosaiksystem.

Monoursystem.

2. Fussböden auf schlechtem Baugrund (Fig. 46—47).

a) Fussböden, bei welchen der Untergund nicht belastet werden kann, werden in der Weise hergestellt, dass man zwischen die vorhandenen Fundamentmauern Gewölbe spannt; da, wo die Abstände dieser Fundamentmauern zu gross sind, ordnet man besondere Pfeiler an, welche nöthigenfalls mit Hilfe von Trägern diese Gewölbe aufnehmen (Fig. 46).

Wenn es auf grösstmögliche Ausnutzung der verfügbaren Höhe ankommt, wird man diese Gewölbe vortheilhaft in Monierkonstruktion ausführen.

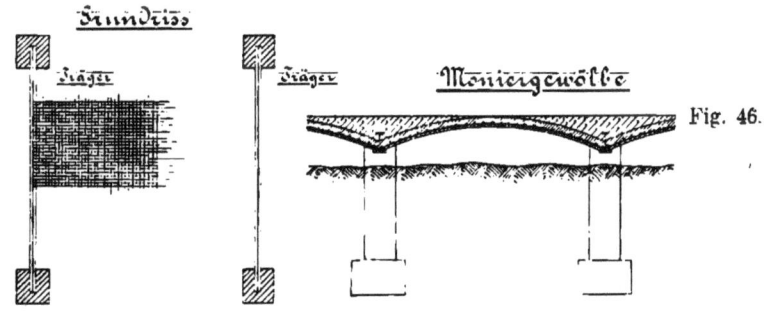

Fig. 46.

Ist genügende Höhe vorhanden, so können dieselben auch in Stampfbeton erstellt werden.

In Fällen, wo der tragfähige Baugrund sehr tief liegt und die Anordnung von Pfeilern unverhältnissmässig hohe Kosten erfordert, kann man dazu übergehen, eine Sohle herzustellen, welche die vorkommenden Belastungen auf den Baugrund möglichst gleichmässig vertheilt. Bei grösseren Einzellasten (z. B. schweren Maschinen) ist die Verwendung von Beton ohne Eiseneinlage nicht zu empfehlen, da eine derartige Platte neben den belasteten Stellen durchbrechen würde.

Unter solchen Verhältnissen kommt lediglich Monierkonstruktion in Frage, wobei die Anordnung der Eiseneinlage durch die wechselnden Biegungsmomente und die auftretenden Scheerkräfte bedingt wird. (Fig. 47.)

Fig. 47.

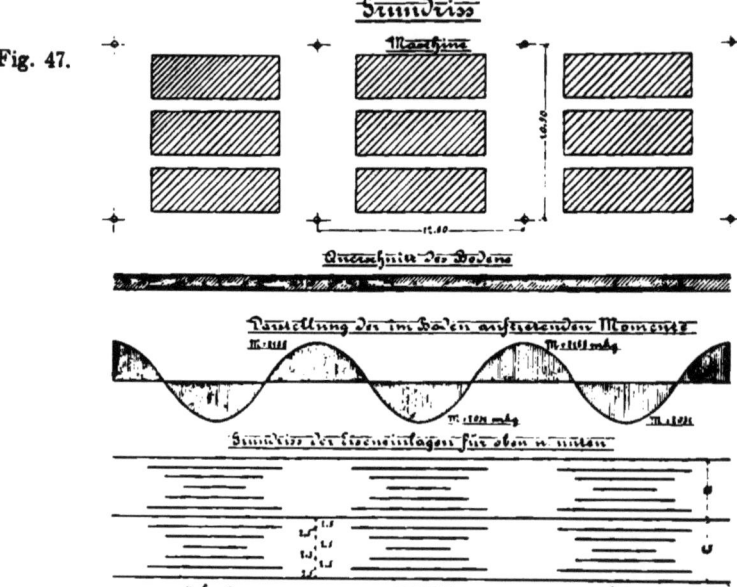

3. Wasserdichte Kellerböden (Fig. 48—52).

Zur Veranschlagung sind erforderlich: Grundriss und Schnitt mit Angabe des höchsten Grundwasserstandes.

Ferner sind erwünscht: Angaben über Beschaffenheit des Baugrundes und voraussichtlicher Wasserstand zur Zeit der Ausführung.

a) Betonboden mit wasserdichtem Cementestrich bei kleinem Druck und ziemlich undurchlässigem Boden. (Fig. 48.)

b) Ausbildung wie Fig. 47, jedoch ist für starke Benutzung ein Arbeitsboden angeordnet, so dass die wasserdichte Schicht durch die Benutzung nicht verletzt werden kann (Fig. 49).

c) Falls eine durchgehende Sicherung der Sohle gegen den Auftrieb nicht angängig ist, empfiehlt sich die Anordnung mit umgekehrten Kreuzgewölben, wodurch der Auftrieb auf die einzelnen belasteten Pfeiler übertragen wird (Fig. 50) oder mit umgekehrten Kappengewölben zwischen I-Trägern (Fig. 51).

d) Bei grossen Flächen ist die Anwendung des „System Monier" vortheilhafter, da dasselbe elastischer ist. Im Uebrigen ist die Anordnung je nach den Umständen derjenigen in Stampfbeton ähnlich (Fig. 52).

— 31 —

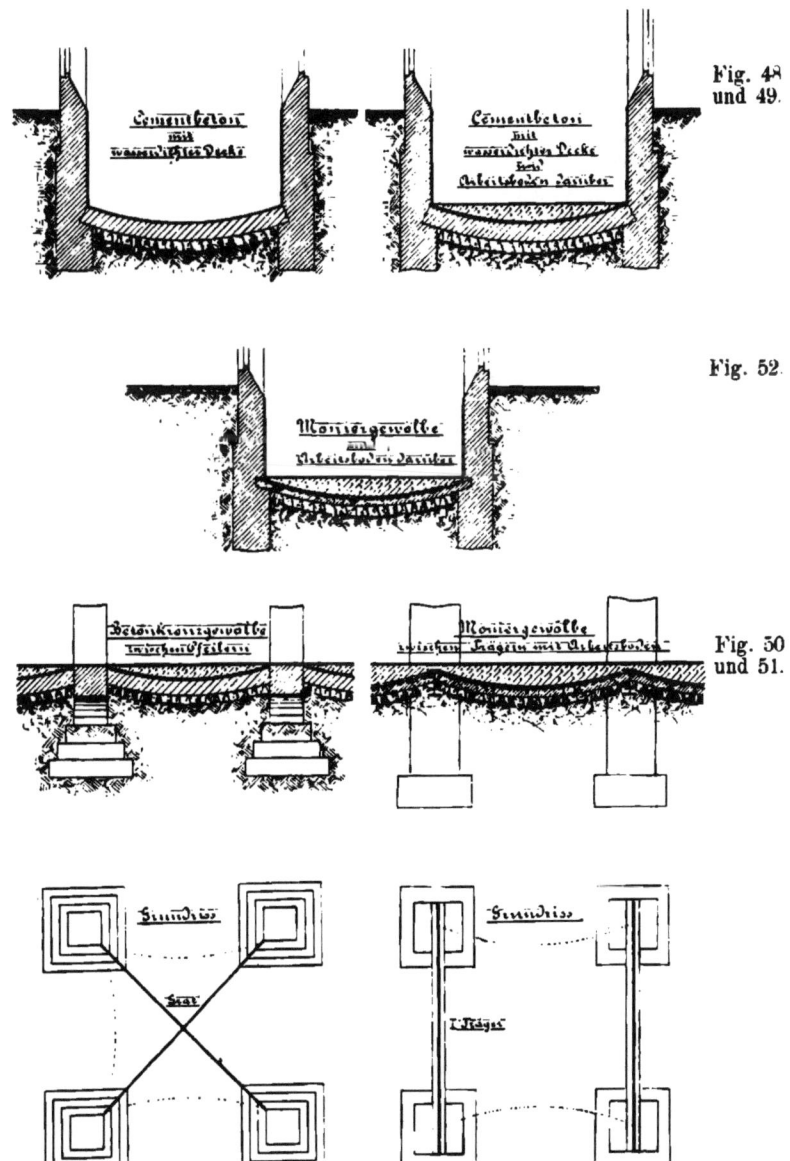

Fig. 48 und 49.

Fig. 52.

Fig. 50 und 51.

VII. Verschiedenes.

1. Springbrunnenbassins (Fig. 53).

Dieselben werden nach „System Monier" sowohl rund (Fig. 53), als auch in jeder anderen Form und jeder Grösse hergestellt.

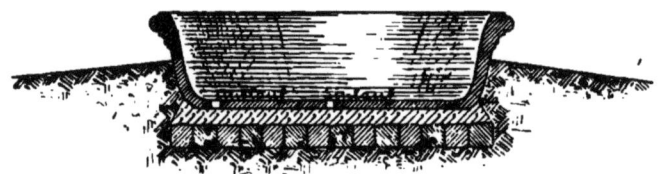

Fig. 53.

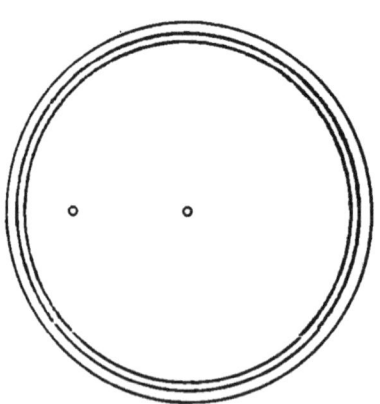

Grundriss.

2. Transportable Asch- und Müllkasten

werden nach „System Monier" hergestellt (Fig. 54) und mit schmiedeisernen Rahmen eingefasst und erhalten gut schliessende schmiedeiserne Einwurfs- und Entleerungsthüren.

(Mit 2 cbm Inhalt stets auf Lager vorräthig.)

— 33 —

Asch- und Müllkasten nach System Monier 2 cbm Inhalt

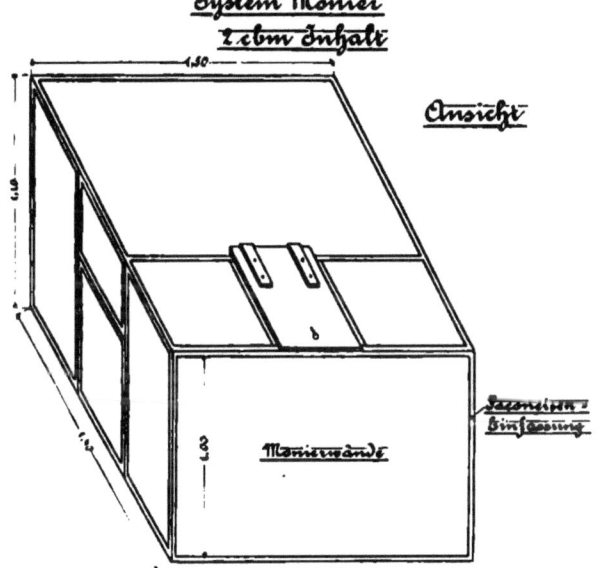

Fig. 54.

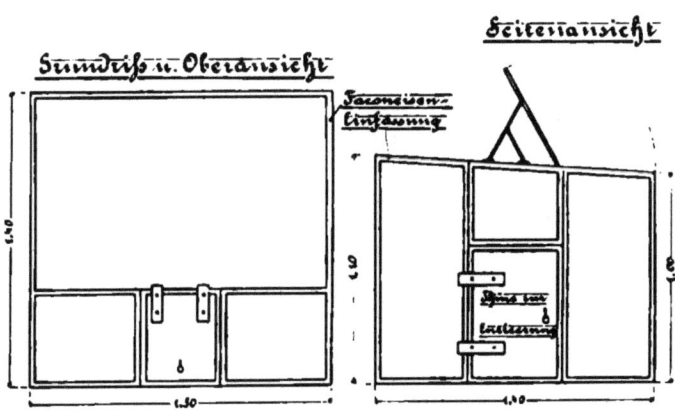

3. Abortanlagen nach „System Monier" (Fig. 55—57).

In hygienischer Beziehung ist es geboten, absolut dichte und dunstabschliessende Fäkalienbehälter herzustellen. Wir haben sowohl in öffentlichen, wie Privatgebäuden derartige Anlagen mit grösstem Erfolge nach „System Monier" ausgeführt, so dass bereits in vielen Städten die Baupolizei dasselbe für diesen Zweck vorgeschrieben hat.

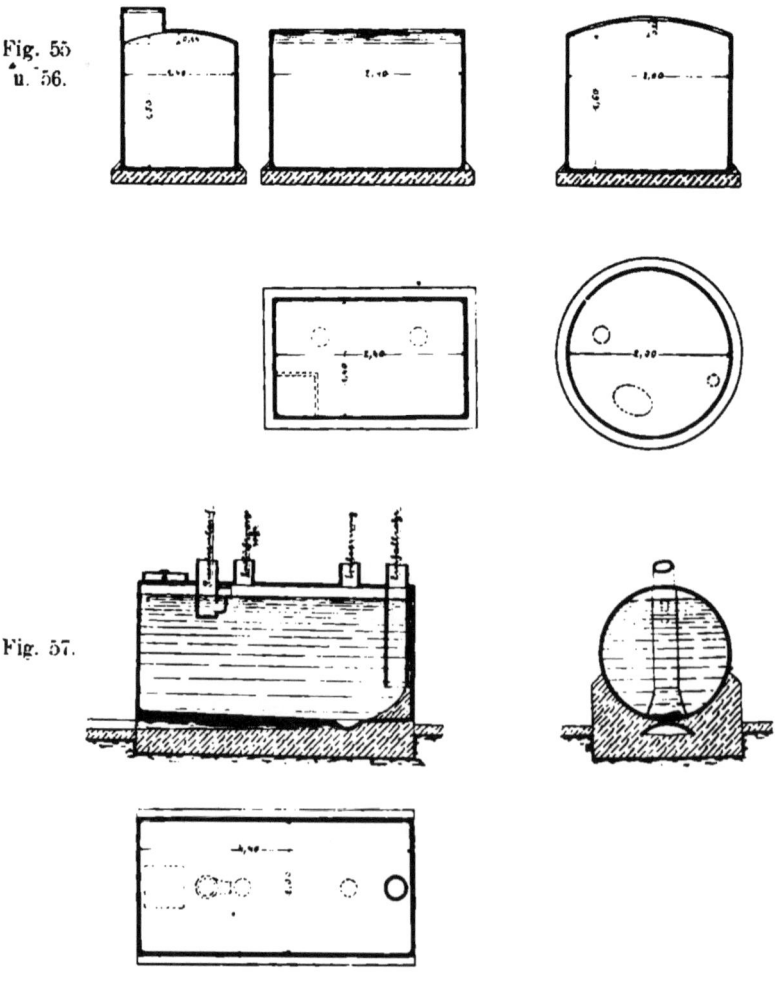

Fig. 55 u. 56.

Fig. 57.

Zur besseren Kontrolle bezügl. der Dichtigkeit werden diese Behälter frei aufgestellt.

Kleinere Aborttonnen bis zu 2½ cbm. sind transportabel und können ohne besondere Fundation in den Boden versenkt werden. Grössere Behälter werden an Ort und Stelle gefertigt und können dem betreffenden Raume angepasst werden.

Fig. 55—57 zeigen derartige Behälter in verschiedenen Grössen. Fig. 57 zeigt einen Behälter für Gebäude, in welchem grössere Menschenmengen beisammenwohnen. Zum besseren Abschlusse der Gase von den Wohnungen sind Pissoireinlauf und Abortrohr mit Wasserverschlüssen versehen, während gleichzeitig die Gase durch ein Ventilationsrohr mit der atmosphärischen Luft in Verbindung gebracht werden, damit nicht durch Ueberdruck der Gase die Wirkung der Wasserverschlüsse illusorisch wird.

B. Ingenieur-Bauwesen.

I. Canalisation (Fig. 58—75).

Nachdem seit mehreren Jahren alle grösseren Städte ihre Entwässerungsanlagen nahezu vollendet haben, gehen nunmehr auch die mittleren und kleinen Plätze dazu über, ihre gesundheitlichen Verhältnisse durch Anlage regelrechter Entwässerungen zu verbessern.

Die grösseren Städte, die schon vor mehreren Jahrzehnten mit dem planmässigen Bau ihrer Entwässerungsanlagen begonnen haben, führten ihre Canäle zum Theile aus alter Gewohnheit, zum Theile auch wegen des früher vorhandenen Misstrauens gegen die Bewährung des Cementes aus Klinkermauerwerk etc. aus.

Gegen die Verwendung des Cements wurde hauptsächlich geltend gemacht, dass derselbe durch die in den Abwässern enthaltenen Säuren angegriffen und durch den im Kanale mitgeführten Sand und andere Sinkstoffe abgeschliffen werde.

Diese Bedenken sind durch über 25jährige Erfahrung vollständig widerlegt, wie durch die Erklärungen von 106 Behörden, welche auf ein Rundschreiben des Ingenieur Gary in Berlin erfolgten, nachgewiesen ist (Centralblatt der Bauverwaltung, XV. Jahrgang, No. 10).

Unter Anderem hat man in London gefunden, dass in der Sohle eines aus Klinkern und Cementmörtel gemauerten Kanales die Klinkersteine bis auf eine gewisse Tiefe zerstört waren, während der Cementmörtel der Fugen sich unversehrt erhalten hatte und daher über die Steine rippenartig vorstand.

Auf Grund dieser Erfahrung hat man dort die defekten Kanalstrecken durch Anbringung einer Cementschichte an Stelle des zerstörten Klinkermaterials wieder hergestellt.

Beim Schleifen der Festungswerke in Stettin wurde ein im Jahre 1856 verlegter Hausanschluss aus Cementröhren aufgedeckt. Diese Röhren zeigten sich überall vollständig unversehrt.

An den Bruchstellen der zerschlagenen Röhren war deutlich zu sehen, wie von der Innenseite aus bis auf eine gewisse Tiefe hin, nach aussen fortschreitend, die Umwandlung des Cementes in Kieselsäure, welche bekanntlich gegen chemische wie mechanische Angriffe äusserst widerstandsfähig ist, vor sich gegangen war.

Auch anderweit sind mit Cementröhren durchweg günstige Erfahrungen gemacht worden, was z. B. die von der Stadt Wetzlar in vielen Städten Deutschlands eingezogenen Erkundigungen beweisen, wonach seit Jahrzehnten Cementröhren mit bestem Erfolge in Anwendung kamen (s. auch Artikel im Centralblatt der Bauverwaltung, Jahrgang 1894, Nr. 40).

Wie schon oben bemerkt, wurden grössere Kanäle meistens in Klinkermauerwerk hergestellt. Diese Bauweise ist aber nicht nur viel theurer als eine Ausführung mit Cementröhren, sondern erfordert auch eine viel längere Bauzeit, was besonders für die Bewohner der betreffenden Strassen und für den Verkehr höchst störend ist. Schon aus diesem Grunde ging man vor Jahren dazu über, auch die grösseren Kanalprofile in fertigen Cementröhren herzustellen. Diese Cementbezw. Stampfbetonröhren haben den Nachtheil, dass dieselben wegen ihres grossen Gewichtes hohe Transport- und Verlegungskosten erfordern.

Aus demselben Grunde müssen grössere Profile, um eine Verlegung in der Baugrube noch möglich zu machen, in mehreren Stücken hergestellt werden, wodurch die Solidität des Kanales bedeutend beeinträchtigt wird.

Die Stossverbindung der Betonröhren wird in der Weise hergestellt, dass das Rohr an jedem Ende einen Falz in halber Wandstärke erhält, so dass die Stossstelle stets einen schwachen Punkt bildet.

Die Monier'sche Erfindung ermöglicht es nun, Röhren von gleicher Widerstandsfähigkeit bei bedeutend geringeren Wandstärken und dem Gewichte von etwa ⅗ desjenigen gleich grosser Betonröhren herzustellen. Auch die grösseren Profile bis zu 1,50 m Durchmesser können somit aus einem Stück angefertigt werden.

Die Stossverbindungen haben wir gegenüber denjenigen von Betonröhren wesentlich verbessert. Bei den kleineren runden Röhren wird der Stoss ähnlich wie bei den Thonröhren durch eine Muffe mit voller Wandstärke gebildet. Die Verbindung der grösseren runden sowie der eiförmigen Röhren wird durch Sättel und Bandagen mit Eiseneinlagen hergestellt (Fig. 58—59).

Wir haben hierdurch erreicht, dass im Gegensatz zu Betonröhren bei unseren Röhren die Stossstelle jedesmal die stärkste Stelle des Rohrstranges bildet. Durch die Sättel ist jeweils an den Rohrenden ein festes Auflager geschaffen und deshalb haben bei der grossen Biegungsfestigkeit der Röhren etwaige hohle Stellen zwischen den Auflagern selbst bei grossen Aufschüttungen keinen Bruch zur Folge.

Die Seiteneinlässe werden in gleicher Weise wie bei Betonröhren ausgeführt.

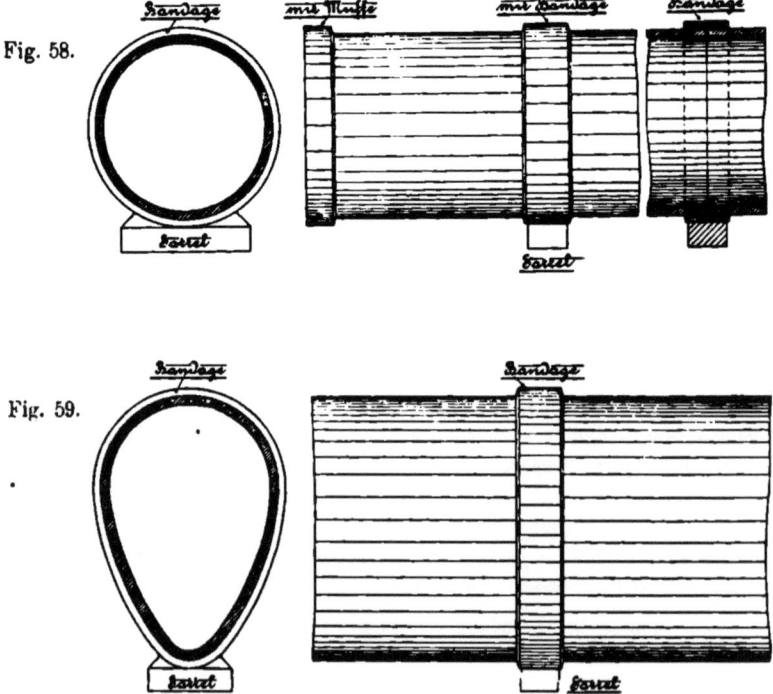

Fig. 58.

Fig. 59.

Das geringe Eigengewicht der Monierröhren ermöglicht es auch dort, wo das Grundwasser hoch steht und wegen der Durchlässigkeit des Bodens nur schwer und mit grossen Kosten zu bewältigen ist, Rohrstränge in Längen von 30—50 m ausserhalb der Baugrube fertig zu montiren, dieselben hierauf in die Baugrube zu versenken und die dann noch erforderlichen Stossdichtungen mit entsprechender Vorrichtung unter Wasser auszuführen.

Einen diesbezügl. Versuch in grösserem Maassstabe haben wir bereits gemacht.

Der Hauptsammler der für die Stadt Strassburg i. E. geplanten Kanalisation soll (wie aus Fig. 60 ersichtlich) eine Abmessung von 2,60/2,00 erhalten und liegt fast ganz unter Grundwasserspiegel.

Die Durchlässigkeit des Kiesbodens und die unmittelbare Nähe offener Wasserläufe würden eine Trockenhaltung der Baugrube ausserordentlich erschweren. Wir haben nun die Ausführung dieses Kanals in der vorbeschriebenen Weise vorgeschlagen und die Möglichkeit einer derartigen Ausführung durch einen Versuch auf dem Grundstücke

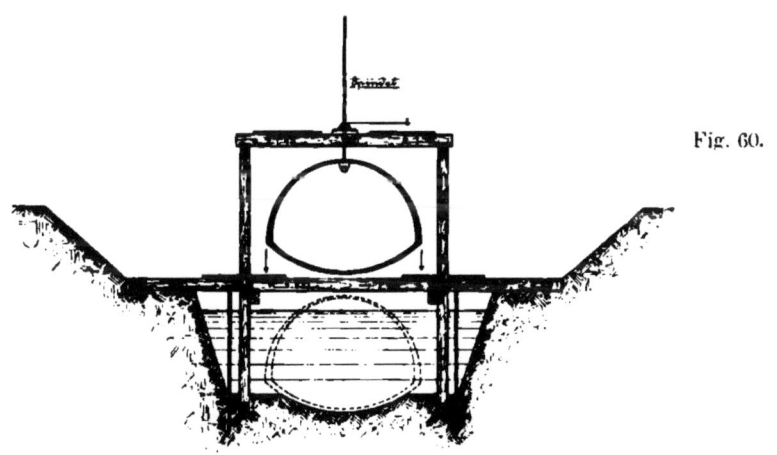

Fig. 60.

unserer Neckarauer Fabrik, unter denselben Wasserstandsverhältnissen, in Anwesenheit von drei Herren des Stadtbauamtes Strassburg, mehrerer Vertreter der Stadt und des Stadtbauamtes Kaiserslautern sowie eine Herrn vom Sielbaubureau in Mannheim und einer grösseren Anzahl von weiteren Fachleuten nachgewiesen. Der Versuch ist vollständig gelungen und wir sind daher in der Lage, derartige Kanäle auf diese Weise zu bauen.

Unsere Einrichtungen gestatten uns nicht nur die Lieferung der Röhren, sondern auch die Uebernahme ganzer Kanalisationen, einschliesslich der Erdarbeiten, indem wir ausser Röhren auch die hierzu nöthigen Einsteigschächte (Fig. 61—62), Spül- und Ventilationsschächte (Fig. 63—64), Strassen- und Hofsinkkasten (Fig. 65—67) etc. nach bewährten Modellen anfertigen. Auch für diese Theile empfiehlt sich die Herstellung in Cement mit Eiseneinlagen, da dieselben wegen des geringen Gewichts leicht handlich und rasch zu versetzen sind.

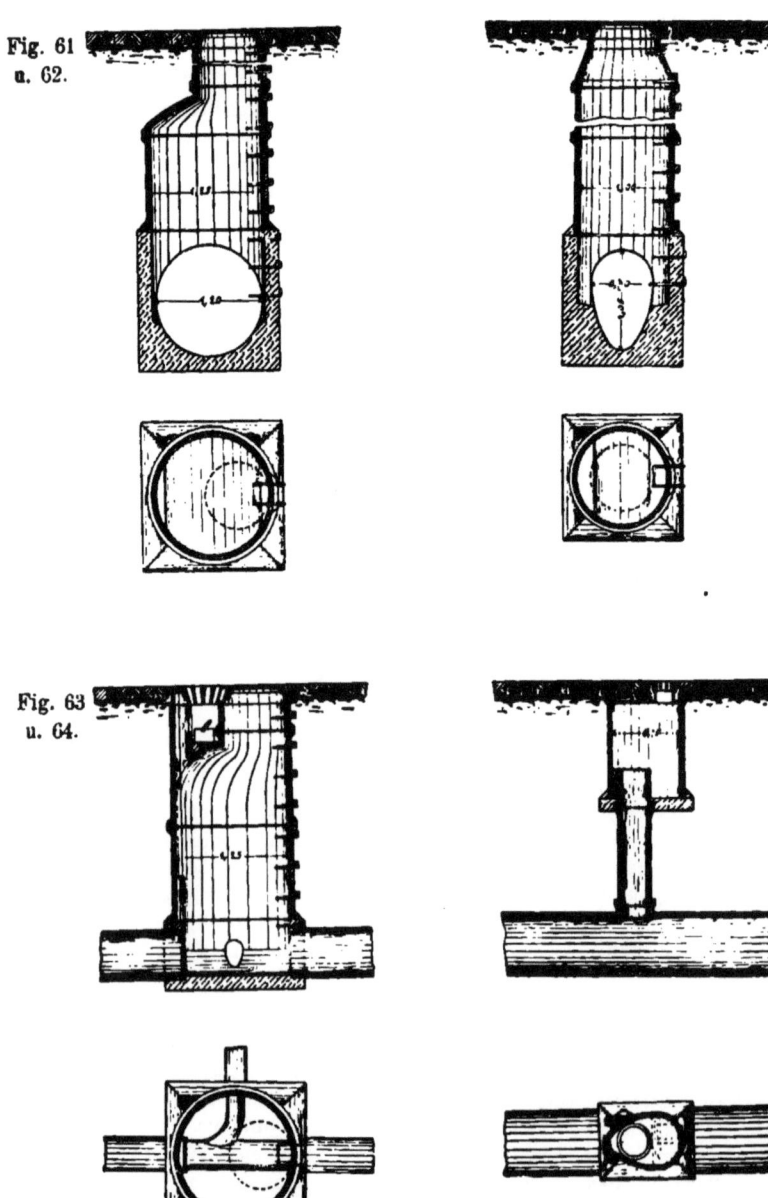

Fig. 61 u. 62.

Fig. 63 u. 64.

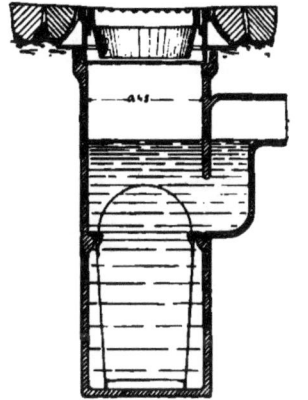
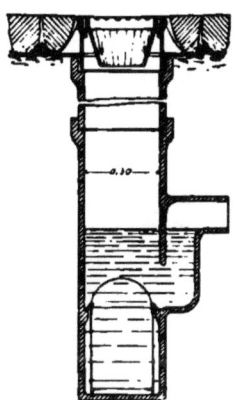

Fig. 65 u. 66.

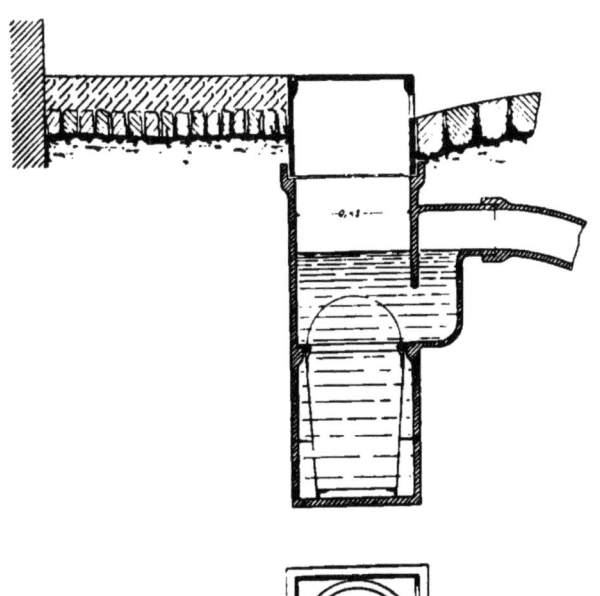
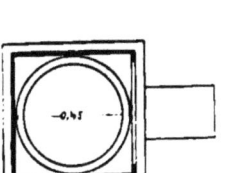

Fig. 67.

Die Röhren und alle sonstigen, oben angeführten Kanalisationstheile werden aus bestem Portlandcement und scharfem quarzigen Rheinsand, den wir neben unserer Neckarauer Fabrik direkt dem Rhein entnehmen, hergestellt.

Fig. 58.

Fig. 59.

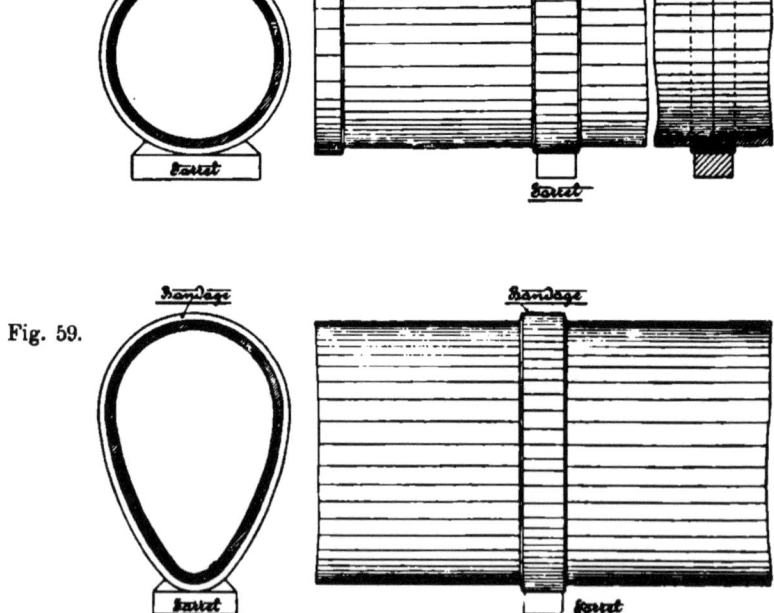

Unsere Fabrikanlage in Verbindung mit ausgedehntem Lagerplatze setzt uns in den Stand, stets grosse Vorräthe genügend erhärteter Röhren auf Lager zu halten, und wir können daher auch den grössten Anforderungen in kürzester Zeit genügen.

Nachstehend lassen wir ein Verzeichniss der von uns zur Herstellung kommenden Monierröhren und anderer Kanalisationstheile nebst den zugehörigen Zeichnungen folgen (Fig. 58—59).

Verzeichniss der Monierröhren.

I. Rund.

a) mit Muffe:			b) ohne Muffe:		
Lichtweite in mm	Gewicht pro lfd. m kg	Stückzahl pro Waggon von 10000 kg	Lichtweite in mm	Gewicht pro lfd. m kg	Stückzahl pro Waggon von 10000 kg
200	32	310	200	31	320
250	44	225	250	43	230
300	55	180	300	50	200
350	77	130	350	75	132
400	88	112	400	88	112
450	113	88	450	102	98
500	123	80	500	119	84
600	175	56	600	162	62
			700	193	50
			800	244	40
			900	307	32
			1000	370	27
			1100	445	22
			1200	494	20
			1250	507	19
			1300	526	18
			1500	700	14

II. oval ohne Muffe

Lichtweite in mm	Gewicht p. lfd. m kg	Stückzahl p. Waggon von 10000 kg
200/300	42	230
250/375	57	175
300/450	77	130
350/525	96	104
400/600	109	90
500/750	165	60
600/900	209	46
700/1050	267	36
800/1200	345	28
900/1350	453	22
1000/1500	549	18

Bemerkung: Runde Röhren von 0,125; 0,15; 0,20; 0,25; 0,30 m Durchmesser, eiförmige Profile von 0,20×0,30; 0,25×0,375; 0,30×0,45 0,35×0,525; 0,40×0,60 werden auf Wunsch auch in Stampfbeton hergestellt.

Ausserdem fertigen wir an:
Bogen- und Winkelstücke, Rinnen und Böschungsstücke Fig. 68, Sickerröhren Fig. 69,

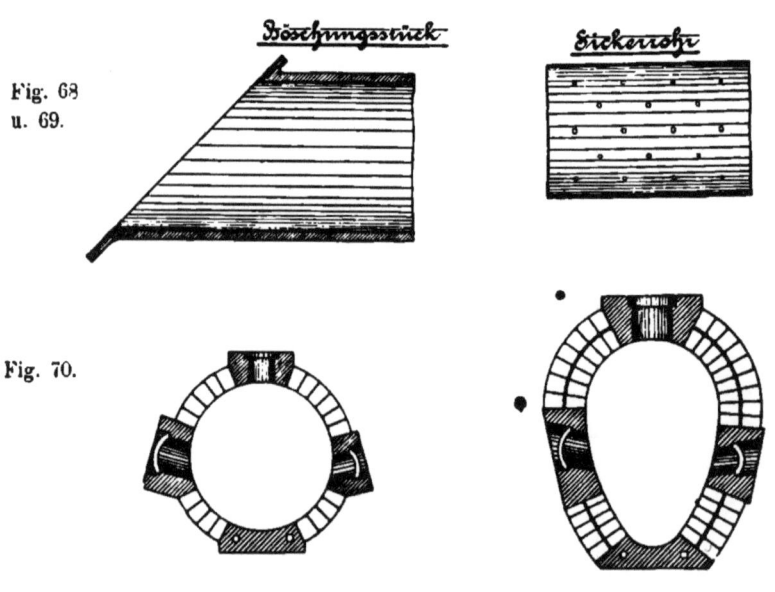

Fig. 68 u. 69.

Fig. 70.

Einlaufstücke für gemauerte Kanäle Fig. 70,
Sohlstücke in Beton Fig. 71,
Strassen- und Hofsinkkasten nach „System Monier" (Fig. 65—67),
Revisionsschächte aus fertigen Monierröhren mit Schachtkappe nach Moniersystem Fig. 61—64,
Treppenschächte in Beton Fig. 75.

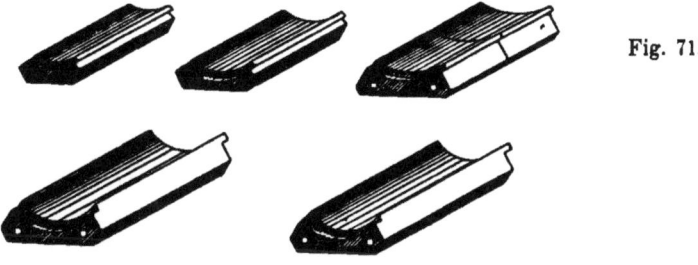

Fig. 71.

Von vorstehenden Dimensionen abweichende Profile und Kanäle von mehr als 1,50 m Durchmesser oder in Eiform von mehr als 1,50 m Höhe werden zweckmässig in der Baugrube aus Stampfbeton hergestellt und wir geben nachstehend auch von derartigen Ausführungen einige Zeichnungen:

    Fig. 72, Betonkanal auf gutem Baugrund hergestellt.

    Fig. 73, Betonkanal auf Schwellrost.

    Fig. 74, wie vorstehend, jedoch mit seitlichem Bankett und seitlichem Wassereinlauf.

    Fig. 75, Betonkanal mit Treppeneingang.

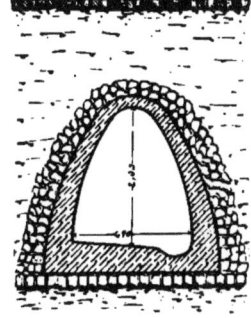 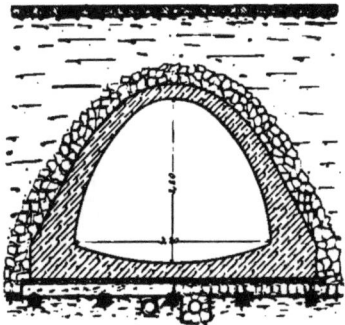

Fig. 72 u. 73.

— 46 —

Fig. 74.

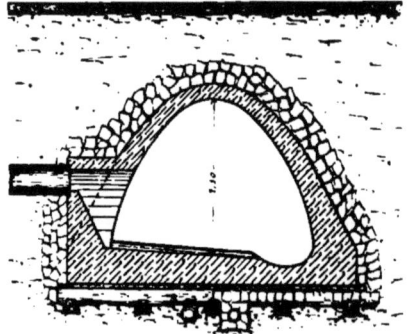

Fig. 75.

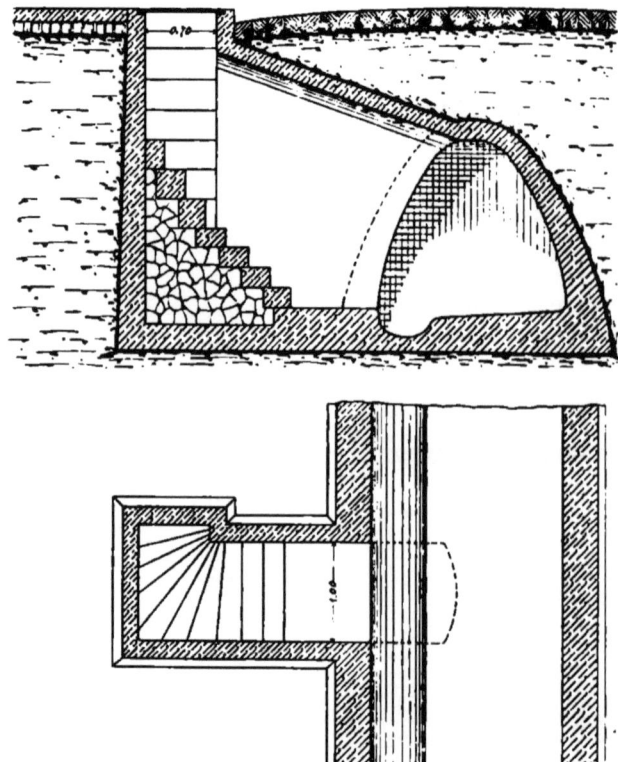

II. Durchlässe und Brücken (Fig. 76—79 und Abbildungen am Schluss).

Bei Anfragen über Durchlässe sind folgende Angaben erforderlich: Lichte Weite und Höhe derselben, Höhenlage des Strassenplanums über dem Scheitel, vorkommende Belastung (Dampfstrassenwalze) und Beschaffenheit des Untergrundes.

Bei 'kleineren Strassen- und Bahndurchlässen empfiehlt es sich ebenfalls, fertige Monierröhren zu verwenden. In aussergewöhnlichen

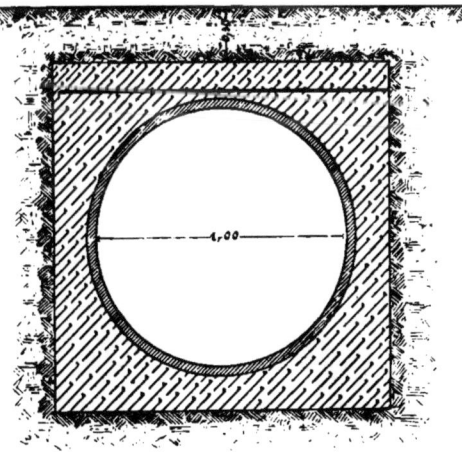

Fig. 76.

Fällen. z. B. bei grösserem Drucke und geringer Ueberdeckung, muss zur Verstärkung eine Beton-Umstampfung der Röhren erfolgen (Fig. 76).

Bei sehr geringer Konstruktionshöhe sind unter Umständen die Plattendurchlässe zu empfehlen. Die Platten können in einzelnen Stücken mit Falzüberdeckung hergestellt und nach Erhärtung verlegt werden; derartige Durchlässe sind selbst unter Eisenbahndämmen bis 1,50 m Lichtweite ausgeführt worden (Fig. 77).

Für grössere Abmessungen ist die halbelliptische Form vorzuziehen (Fig. 78). Bei schlechtem Untergrund kann sowohl beim Plattendurchlass wie bei demjenigen in halbelliptischer Form die Sohle durch zweckmässige Eiseneinlagen befähigt werden, den Druck auf den Baugrund annähernd gleichmässig zu vertheilen (Fig. 78).

— 48 —

Fig. 77.

Fig. 78.

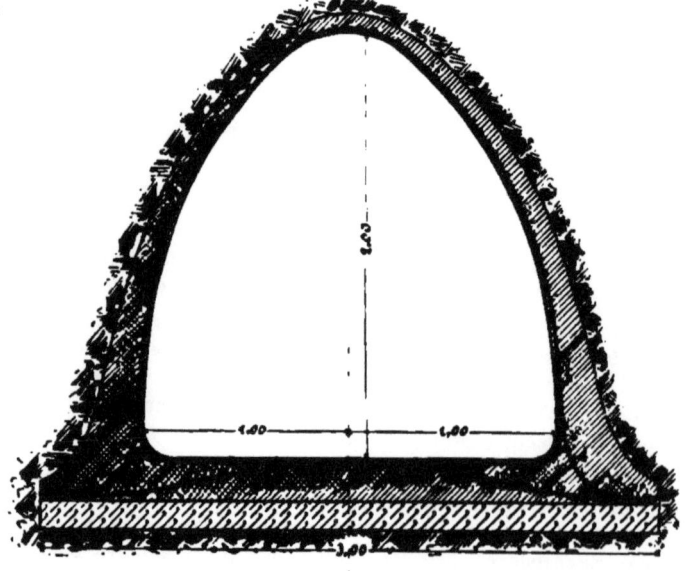

Eine grössere Anwendung findet das „System Monier" bei Ueberbrückung von **Wasserläufen, Strassen und Eisenbahnen.**

Die hervorragende Verwendbarkeit der Monierkonstruktion für obige Zwecke ist durch eine grosse Anzahl von Ausführungen bei verschiedenartigster Spannweite und Belastung dargethan worden, so dass wir von einem näheren Eingehen auf dieselbe um so mehr Abstand nehmen können, als bei der Mannigfaltigkeit der hier in Betracht kommenden Verhältnisse allgemein gültige Angaben nicht gemacht werden können. Wir wollen nur hervorheben, dass die Brückenkonstruktionen nach „System Monier" vor sonstigen gewölbten Brücken den Vorzug bedeutend geringerer Konstruktionshöhe und wesentlich geringeren Eigengewichtes besitzen, wodurch sich die Kosten für die Fundation erheblich verringern. Da auch die Kosten für das Gewölbe geringer sind, stellen sich die Gesammtkosten der Brückenanlage nach System Monier wesentlich niedriger als bei anderen Massivkonstruktionen.

Die Monierbrücken sind, wenn sie aus lokalen Verhältnissen (erforderliches Durchflussprofil und zulässige Steigung der Auffahrtsrampen) nicht unmöglich sind, im allgemeinen nicht theurer wie die eisernen Brücken, haben diesen gegenüber aber den Vorzug, dass sie selbst bei gleichen Herstellungskosten keinerlei Ueberwachung und Unterhaltung bedürfen, welche bei eisernen Brücken bekanntlich alljährlich grosse und mit der Zeit immer steigende Ausgaben erfordern.

Wenn aus irgend welchen Gründen eiserne Brücken gewählt werden, so findet die Monierkonstruktion vortheilhafte Anwendung für die Herstellung der Fahrbahn und Fussteige als Ersatz für die bisher üblichen Buckelplatten und sonstigen Zwischenkonstruktionen. (Fig. 79.)

Um die mannigfaltige Ausbildungsfähigkeit des Moniersystems auf diesem Gebiete zu zeigen, bringen wir am Schlusse dieses Werkes eine Anzahl von photographischen Aufnahmen nach ausgeführten Bauwerken. Das System gestaltet die verschiedenartigste architektonische Ausbildung, von der einfachsten bis zur reichsten, wobei die Konstruktion immer klar zum Ausdruck gebracht werden kann, so dass nicht nur das Schönheitsgefühl des Laien, sondern auch das des Technikers befriedigt wird.

Literatur: Ausgewählte Monier- und Betonbauwerke von F. Rehbein, Königl. Regierungs- und Baurat ,Verlag von Julius Becker, Berlin, Friedrichstr 240); Wochenschrift des österreichischen Ingenieur- und Architekten-Vereins, Wien, 1891, No. 13; Centralblatt der Bauverwaltung, Berlin, 1895, No. 3A.

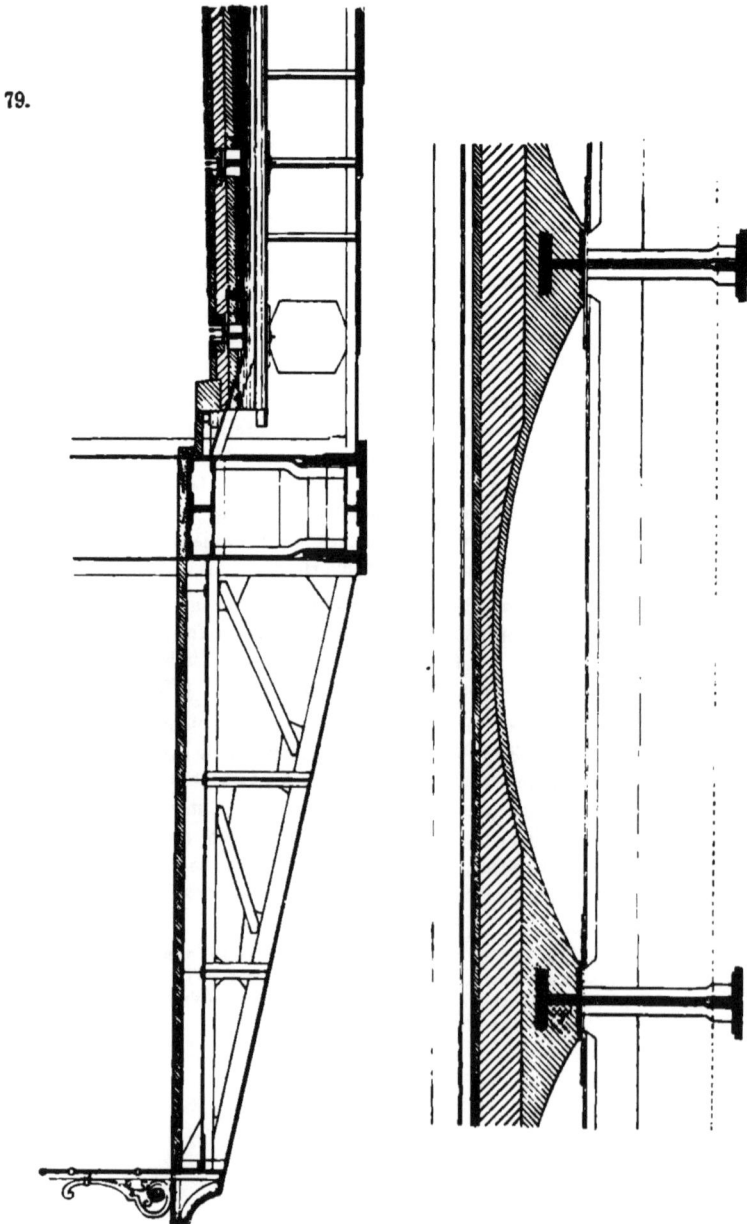

Fig. 79.

III. Wasserversorgung (Fig. 80—87).

Eine der wichtigsten Fragen der Jetztzeit ist die Versorgung von Städten und Gemeinden mit gutem Trinkwasser.

Dasselbe wird gewonnen:
1. Durch Fassung natürlicher Quellen.
2. Durch Erschliessung der Quellströme mittelst Stollen, Gallerien, Sickerleitungen etc.
3. Durch Gewinnung des Grundwassers mittelst abgeteufter Brunnen.
4. Durch Entnahme von Wasser aus Flüssen, Bächen oder Seen in Verbindung mit künstlicher Filtration.

Das für die hierzu erforderlichen baulichen Anlagen zweckmässigste Material ist anerkanntermaassen der Cementbeton. Wir haben eine grosse Anzahl derartiger Anlagen ausgeführt und geben nachstehend hiervon einige Beispiele mit entsprechenden Zeichnungen.

Fig. 80 zeigt einen Sammelschacht (Brunnenkammer) mit Sickerdohlen und Gallerie mit gebirgsseitig durchbrochener Wand,

Fig. 81 einen Tiefbrunnen (Brunnenschacht), wie solche bis zu 1,50 m Durchmesser aus ‚fertigen Röhren und darüber hinaus bis zu 3,00 m Durchmesser und einer Tiefe von 14.00 m an Ort und Stelle ausgeführt und mittelst Baggerbetrieb von uns abgesenkt worden sind.

Zum Ausgleich der Schwankungen zwischen dem nahezu regelmässigen Zufluss des Wassers und dem wechselnden Verbrauch desselben ist die Anlage von Hochbehältern erforderlich; wir verweisen auf nachfolgende Zeichnungen, nach welchen dieselben in rationeller Weise erstellt werden können.

1. Herstellung grösserer Reservoire von rechteckigem Grundriss in Stampfbeton mit Monierüberwölbung (Fig. 82),
2. Desgleichen in Moniermauerung mit Moniergewölbe (Fig. 83),
3. Für kleinere Behälter bis zu 100 cbm Inhalt empfiehlt sich die Anlage in Halbkugelform in Monierbeton (Fig. 84),
   oder als stehender Cylinder in Stampfbeton, Monierbeton oder Moniermauerung (Fig. 85),
4. Bei mittelgrossen Anlagen bis zu 500 cbm erweist sich die liegende Halbcylinderform in Stampf- oder Monierbeton als die zweckmässigste (Fig. 86).

Fig. 80.

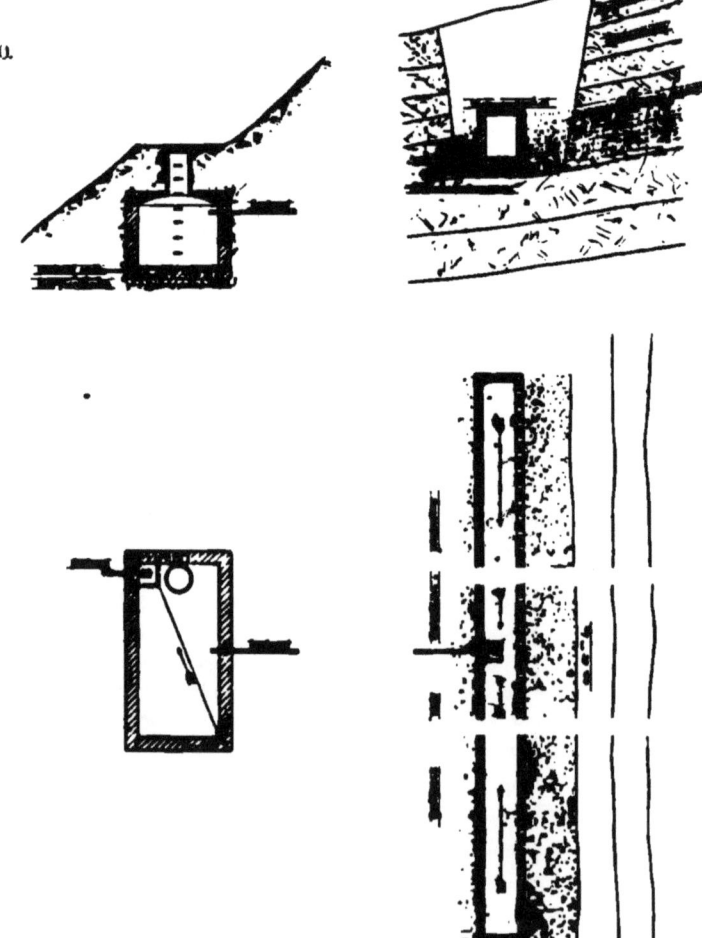

Ob der Ausführungsweise in Stampfbeton, Monierbeton oder Moniermauerung der Vorzug zu geben ist, wird jeweils von der Qualität und den Kosten der zur Verfügung stehenden Materialien abhängen.

Für die Zuleitung von der Sammelstelle bis zum Hochbehälter können bei mässigem Drucke unsere Monierröhren oder unsere patentirten Cementröhren mit Asphalteinlage mit Vortheil verwendet werden.

Die bei Entnahme des Wassers aus Flüssen, Bächen und Seen nothwendigen Filteranlagen werden in Monierbeton (Fig. 87), in Stampfbeton oder in Moniermauerung in jeder Form und Grösse von uns her-

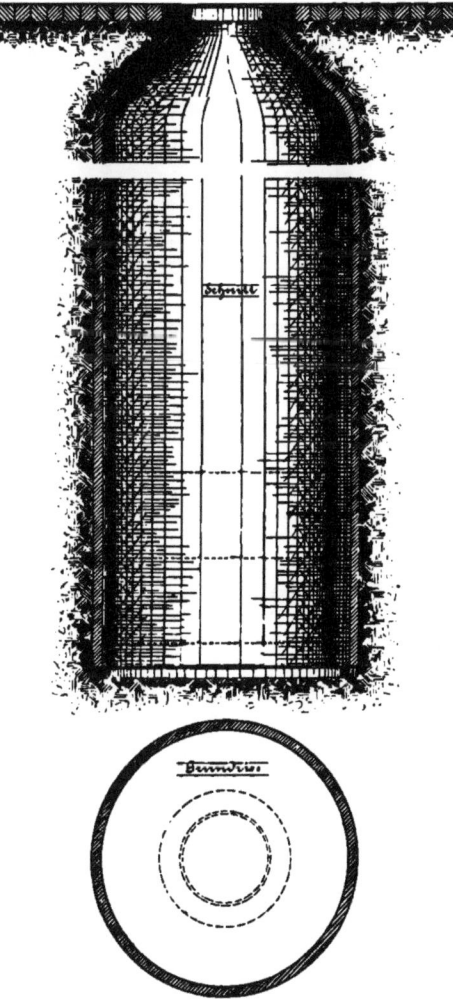

Fig. 81.

gestellt. Auch die Anlagen zur Enteisenung von Grundwasser und die dazu erforderlichen Lüfteranlagen werden am zweckmässigsten in Monierbeton ausgeführt.

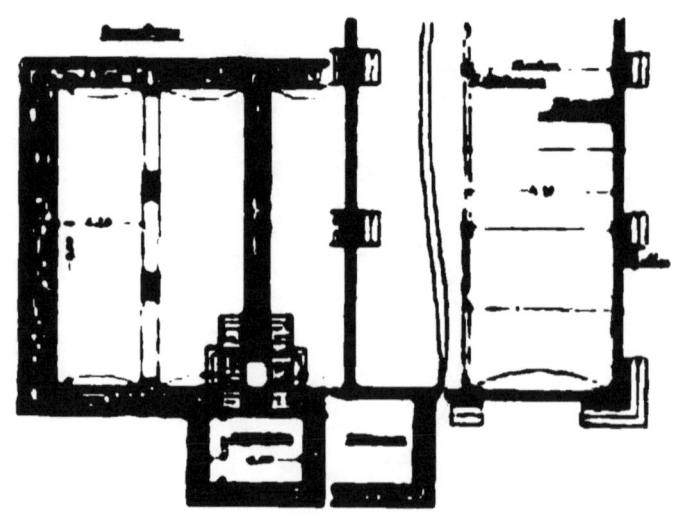

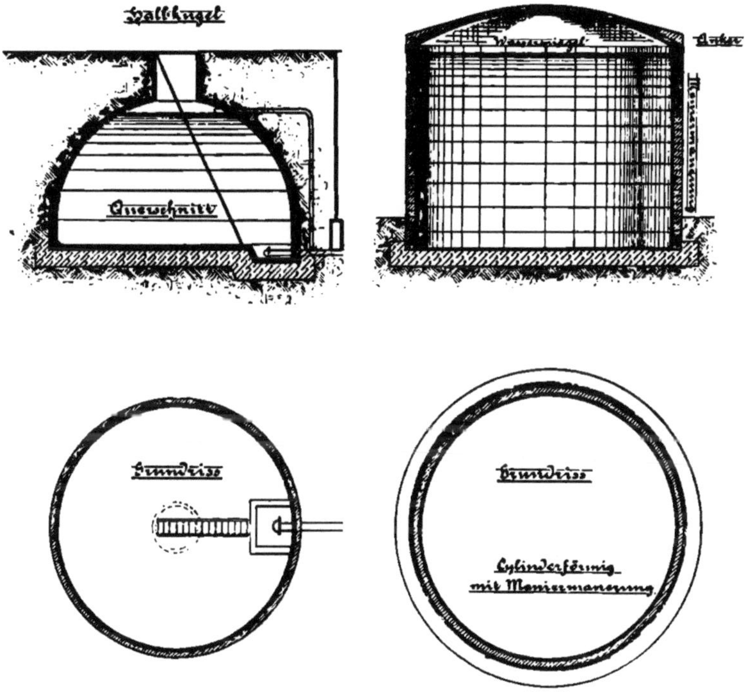

— 55 —

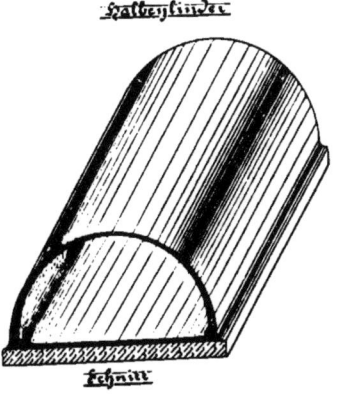

Fig. 84 u. 86.

Fig. 85.

Fig. 87.

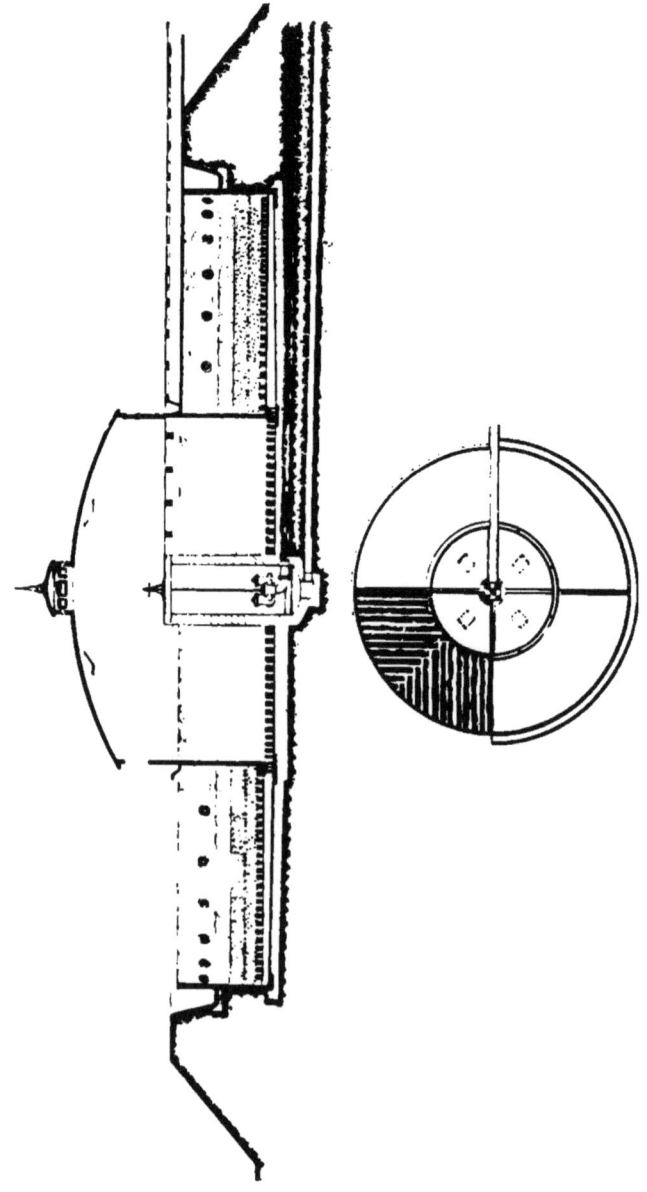

IV. Badeanstalten (Fig. 88—90).

Aus der grossen Zahl unserer Ausführungen auf diesem Gebiete geben wir nachstehend einige zeichnerische Darstellungen:

Fig. 88 zeigt eine Schwimmbadanlage nach „System Monier" mit Stampfbeton-Fundament,

Fig. 89 eine Brausebadanlage nach „System Monier", wie solche in München zur Ausführung gelangte,

Fig. 90 ein Badebassin mit Treppenstufen im Boden versenkt.

Hierzu bemerken wir, dass der Cement von Thermalwasser und Soolen nicht angegriffen wird.

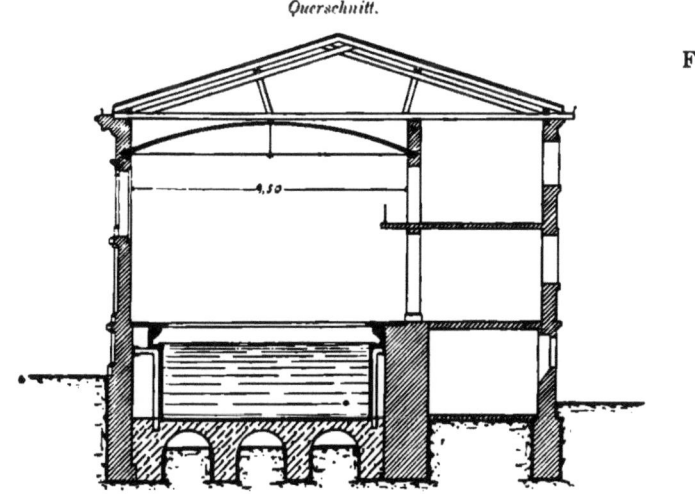

Fig. 88.

Fig. 88.

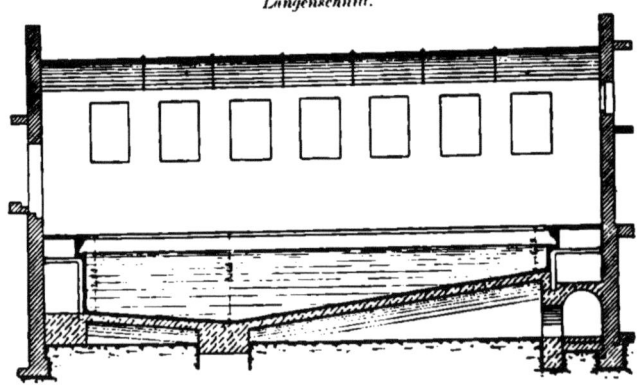

Längenschnitt.

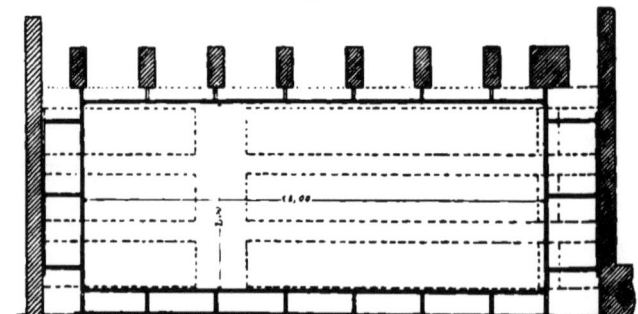

Grundriss

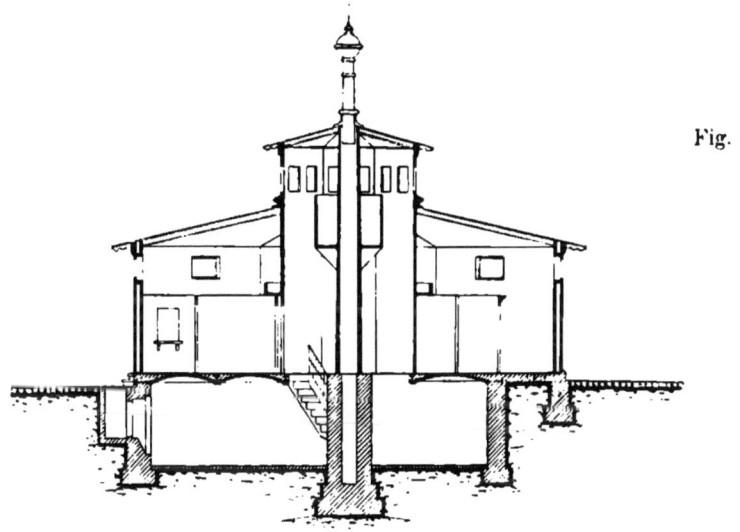

Fig. 89.

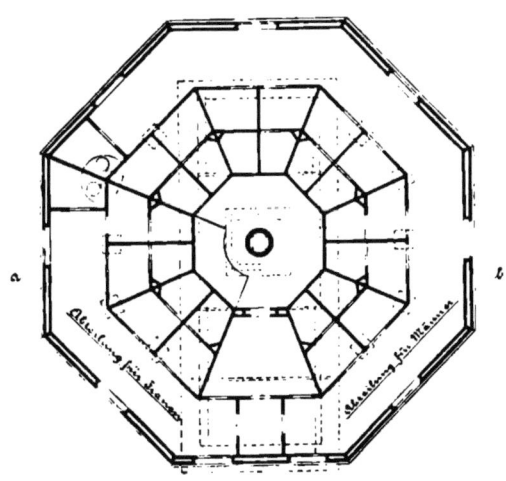

Fig. 90.

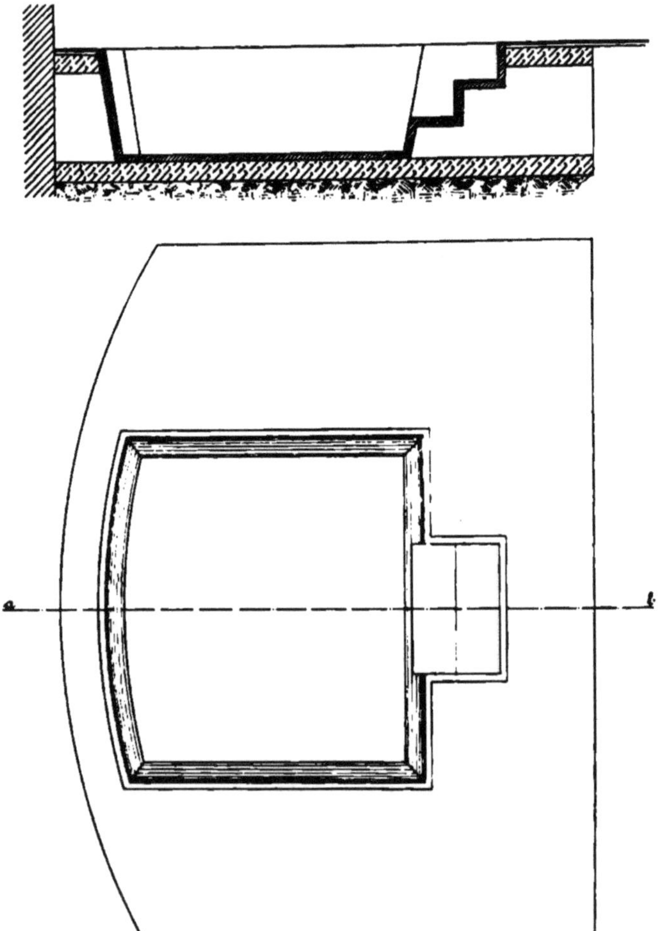

V. Turbinen- und Wehrbauten, Quaimauern etc.

Derartige Anlagen wurden von uns in grossem Maassstabe ausgeführt und sind wir mit allen hierzu nöthigen maschinellen Einrichtungen versehen, so dass wir in kürzester Zeit die umfangreichsten Objekte auch bei schwierigen Wasserverhältnissen herstellen können.

C. Landwirthschaftliche Anlagen.

(Fig. 91—93).

Im Anfange haben wir unter „Anwendungsgebiet" bereits ausführlich auf die Verwendbarkeit des Cementbetons für landwirthschaftliche und industrielle Anlagen hingewiesen und wir können uns deshalb hier auf eine kurze Erläuterung der nachfolgenden Zeichnungen beschränken.

Bei Stallgebäuden empfiehlt es sich, die Böden in Stampfbeton-, Scheidewände, Krippen, Gewölbe und Dunstschlote in Monier-Konstruktion und den Wandverputz in Cement herzustellen (Fig. 91).

Die Desinfektion der Räume bei ansteckenden Krankheiten ist alsdann leicht, sicher und rasch zu bewerkstelligen. Die Moniergewölbe und Dunstschlote schützen die auf den Böden lagernden Futtervorräthe vor Eindringen der Stalldünste und daher vor dem Verderben durch dieselben.

Dunggruben in Stampfbeton (Fig. 92).

Latrinengruben dienen zur Aufspeicherung von Fäkalien und wir verweisen betr. Form und Herstellungsweise auf das bei Reservoir (Seite 51) Gesagte (Fig. 93).

Erfahrungsgemäss wird der Cement von den Fäkalien nicht angegriffen.

Fig. 91.

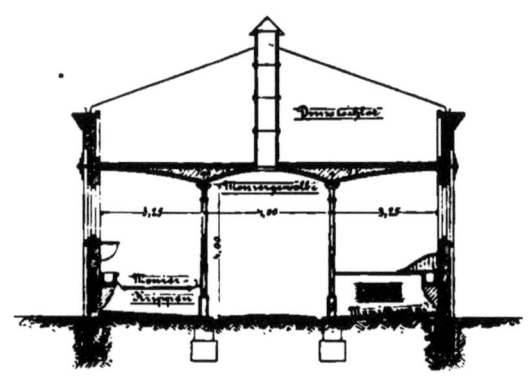

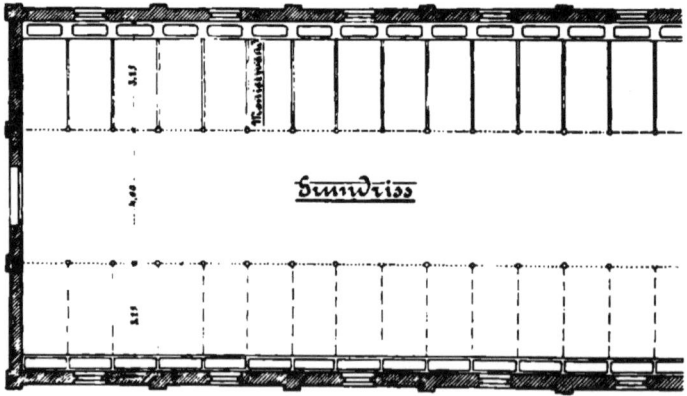

Längsschnitt

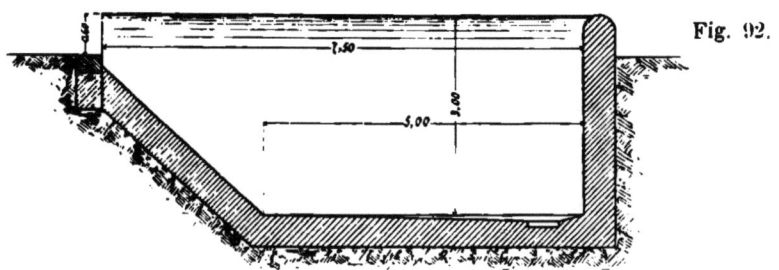

Fig. 92.

Grundriss

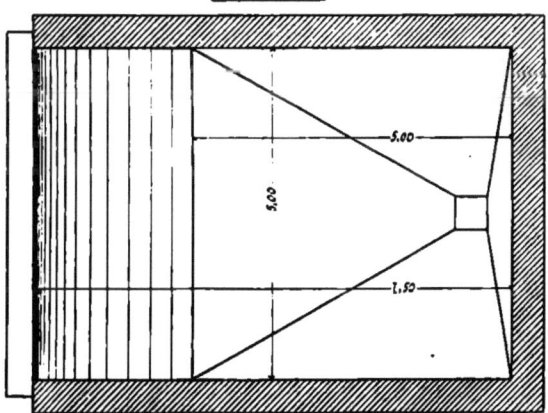

— 64 —

Fig. 93.

Querschnitt.

Längenschnitt.

Grundriss.

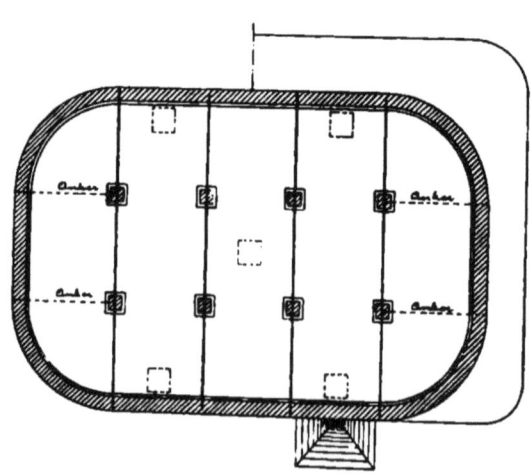

D. Industrielle Anlagen.

I. Brauereien, Mälzereien und Brennereien (Fig. 94—98).

Fig. 94. Gerstenweiche nach „System Monier".

Fig. 95. Darrgewölbe nach „System Monier".
Bei derartigen Gewölben ist der Seitenschub nur ein geringer und die Wände können deshalb schwächer als bei anderen Konstruktionen gehalten werden. Der über diesem Gewölbe sitzende Schornstein ruht auf einer Trägerkonstruktion, welche die Last desselben auf die Aussenmauern senkrecht überträgt und für die Standfestigkeit der Mauern günstig wirkt.

Fig. 96. Ventilirte Kelleranlagen mit Isolirdecken.

Fig. 97. Eiskeller-Anlagen.

Fig. 98. Silos in Moniermauerung.

II. Gerbereien (Fig. 99).

Fig. 99. Lohgruben mit übergekragten Zwischengängen nach „System Monier".

III. Cementfabriken (Fig. 100).

Fig. 100. Rollofenanlagen, Wände und Decken-Konstruktionen zur Lagerung der vorzuwärmenden Materialien.

Fig. 94.

Längenschnitt.

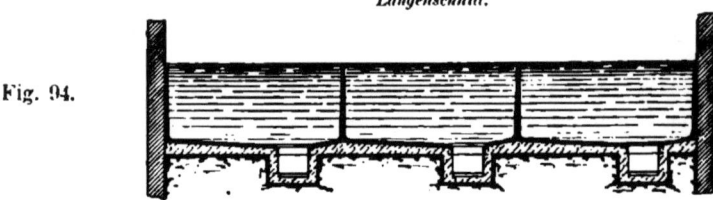

Grundriss.

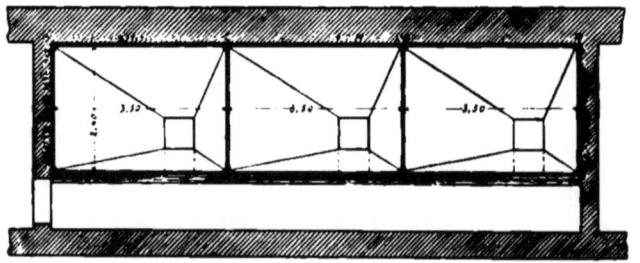

Querschnitt.

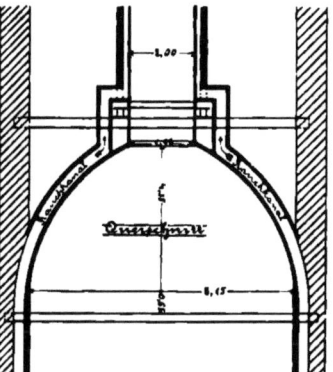

Fig. 95.

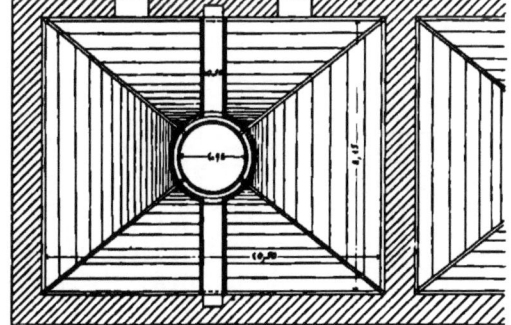

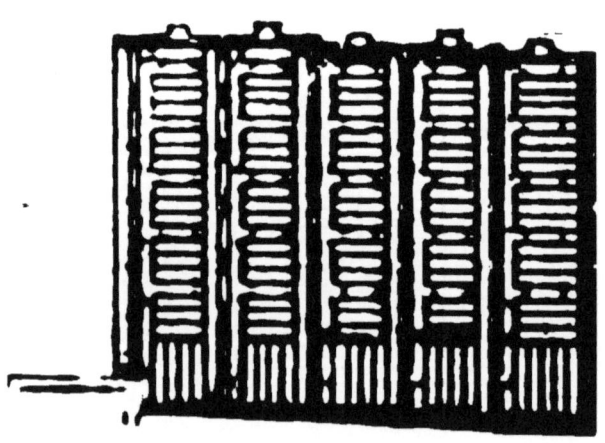

Fig. 97.

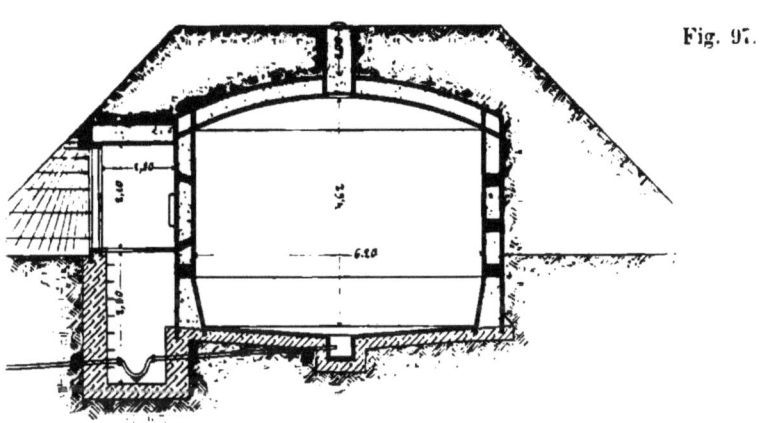

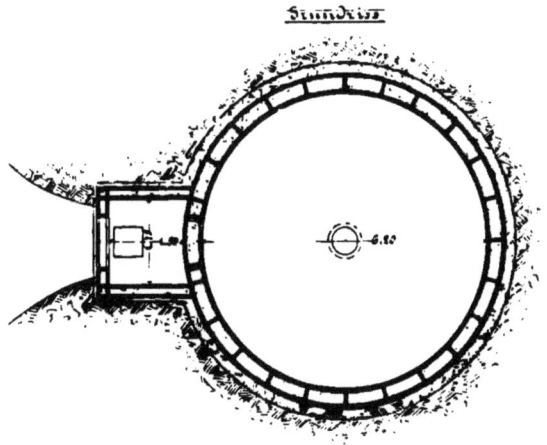

Fig. 98.

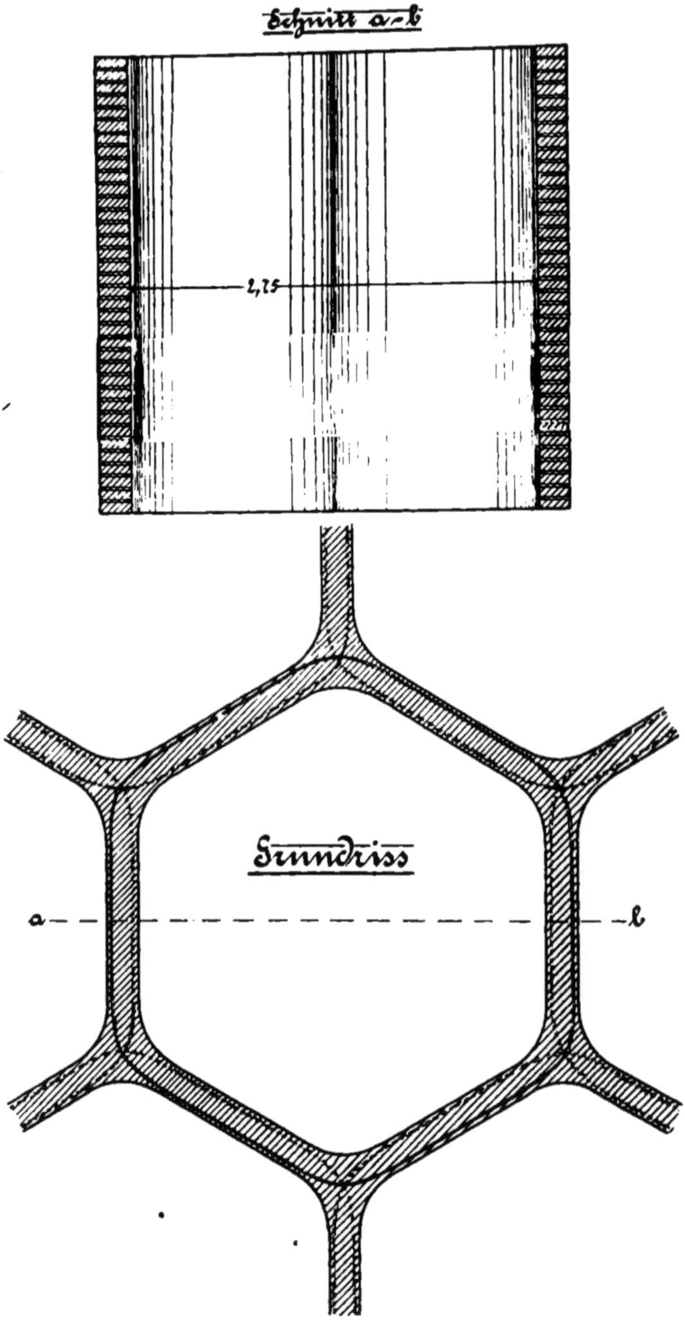

Schnitt a-b

2,75

Grundriss

a - - - - - - - - - - - - - - - b

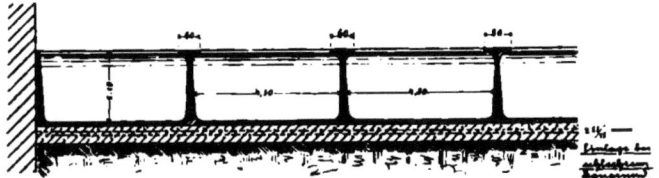

Fig. 99.

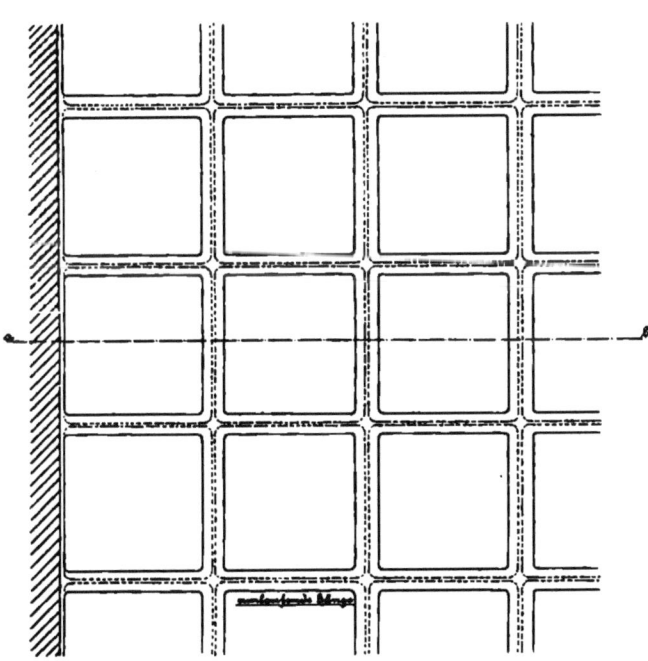

Fig 100.

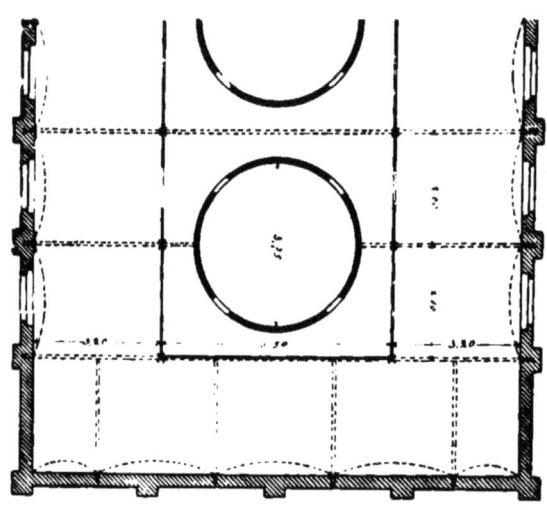

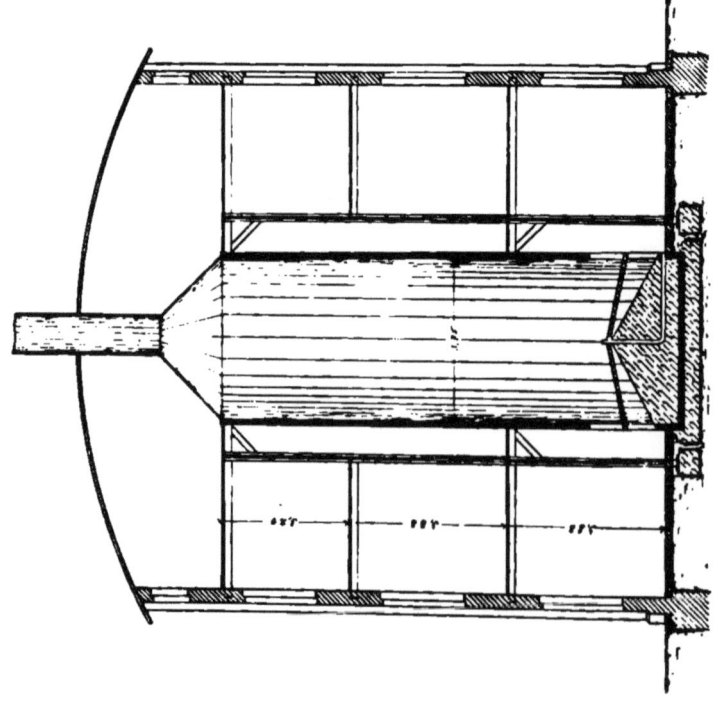

IV. Papierfabriken (Fig. 101—106).

Fig. 101. Bleichholländer. Die Anlage desselben in Ziegelmauerwerk oder Stampfbeton hat sich nicht bewährt, da die Durchwärmung der verhältnissmässig dicken Wände zu langsam vor sich geht, die Wände nach dem Einlassen des heissen Papierstoffes innen warm und aussen kalt sind und daher überall rissig werden. Monierholländer weisen diese Nachtheile nicht auf, weil bei der dünneren Wandung ein rascherer Ausgleich der Temperatur stattfindet und ausserdem noch die Eiseneinlage die auftretenden Spannungen aufnimmt.

Die von uns gleich nach Erwerbung des Monier-Patents für Deutschland im Jahre 1885 hergestellten Holländer haben sich bis heute bestens bewährt. Die Innenseiten der Holländer werden gegen den schädlichen Einfluss der Säure durch Auskleiden mit Porzellanplatten geschützt.

Fig. 102. Abtropfkasten mit unterirdischem Ablaufstand. Die Böden derselben können ebenfalls mit Porzellanplatten oder den billigeren Glasplatten belegt werden.

Fig. 103. Uebereinanderstehende Chlorkasten.

Fig. 104. Säurebehälter, innen mit Bleiplatten ausgelegt.

Fig. 105. Rührbütten. Dieselben werden hergestellt nach „System Monier" oder in Stampfbeton.

Fig. 106. Klärbassin zum Klären der Abwässer.

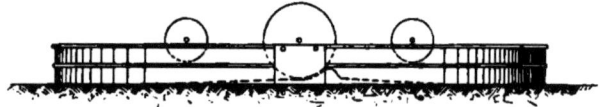

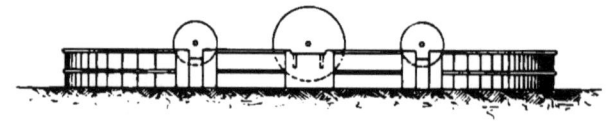

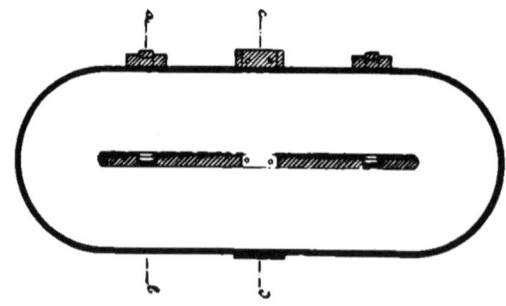

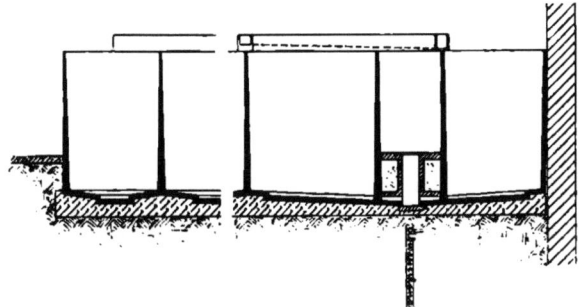

Fig. 102.

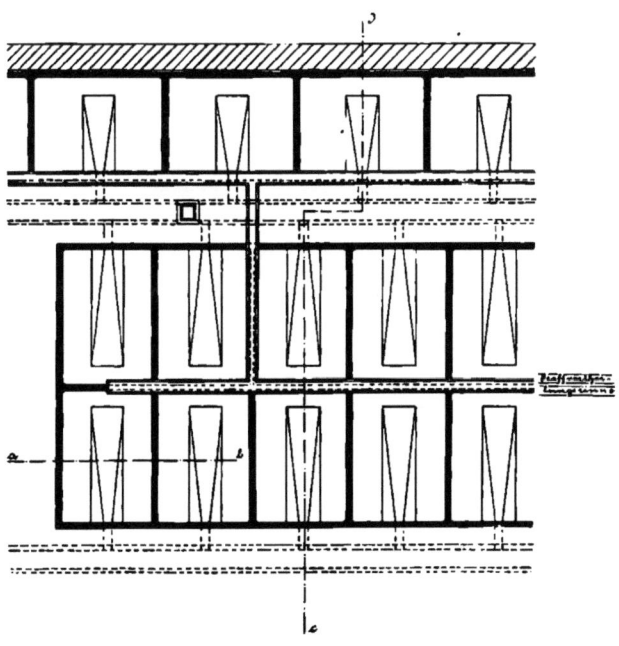

Fig. 103.

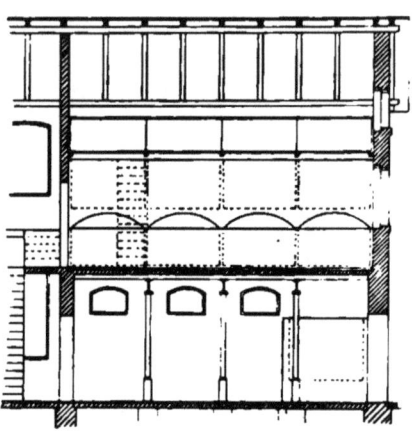
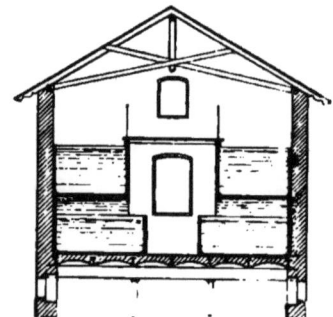
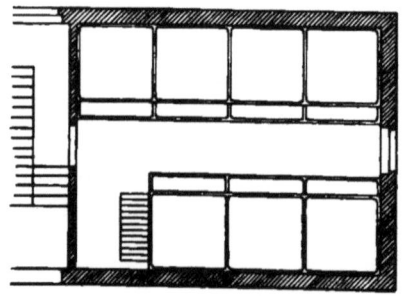

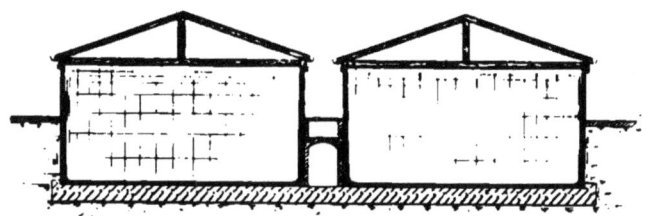

Fig. 104.

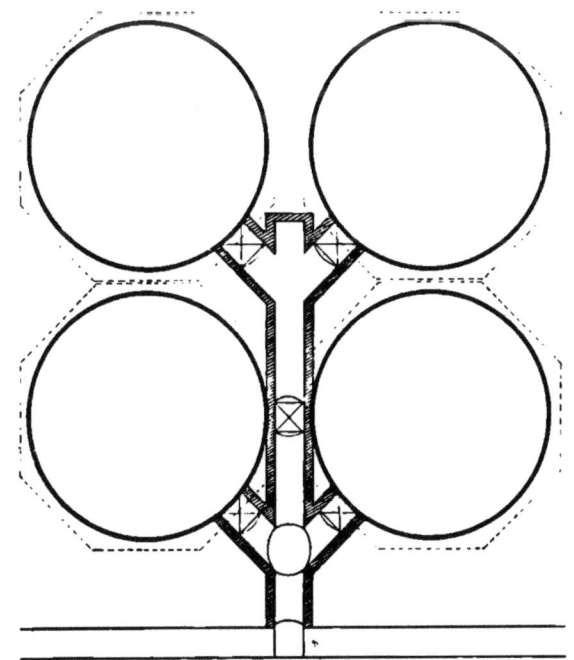

Fig. 105.

Querschnitt.

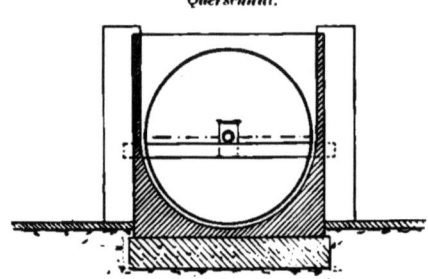

Längenschnitt.

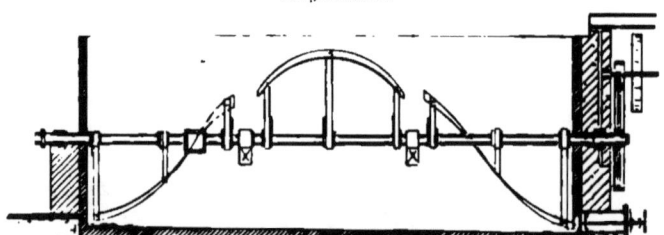

Grundriss.

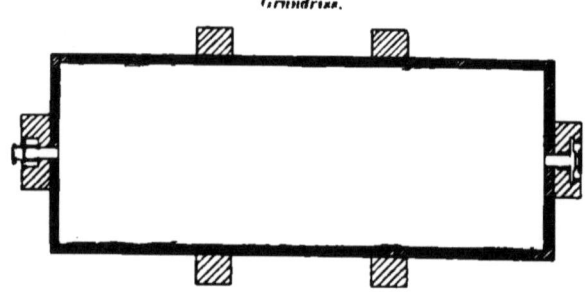

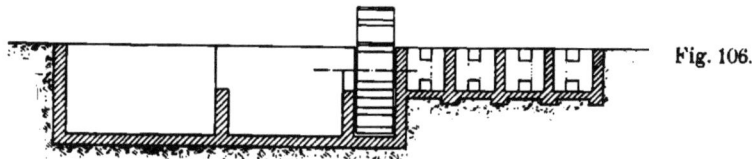

Fig. 106.

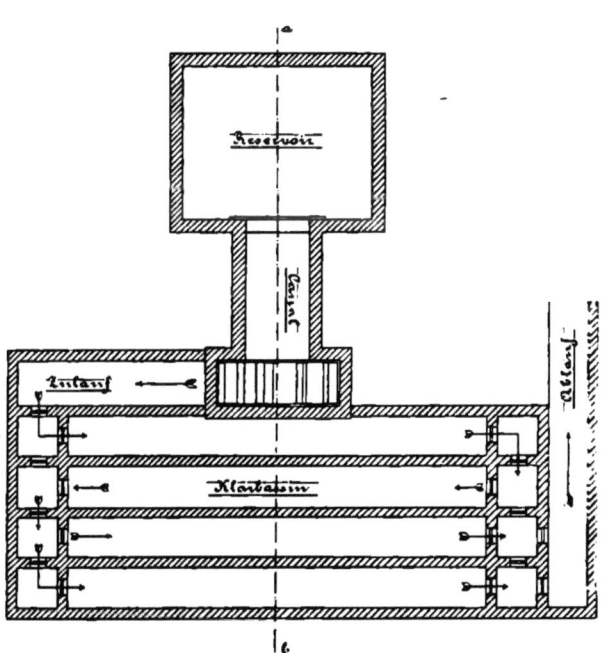

Wegebrücke nach „System Monier" bei Jettenberg (Ober-Bayern).
Stärke... ... Scheitelstärke 0.25 m.

Clarkpan 65.6 ft Clear span of beam of arch 9.8 in

Tafel 2.

Strassen-Brücke nach „System Monier" über die Nagold zwischen Ebhausen und Altensteig.

Bruecke nach „System Monier" in der Konigl. Bayerischen Pulverfabrik Ingolstadt.

Ausgeführt 1890. Auf dem Monier-Brückengewölbe von 13.50 m lichter Spannweite und 1.50 m Pfeilhöhe erhalten sich 7 cm starke verticale Monier-Bogen, auf welchen zur Bildung der Fahrbahn eine 7 cm starke ebene Monierplatte ruht. Stärke des Gewölbes im Scheitel ebenfalls 7 cm. Die Brücke wird mit Fuhrwegen befahren.

Tafel 4.

Strassenbrücke nach „System Monier" bei Wildegg (Schweiz).
Spannweite 30 m, Breite 5,00 m, Scheitelstärke 0,17 m.

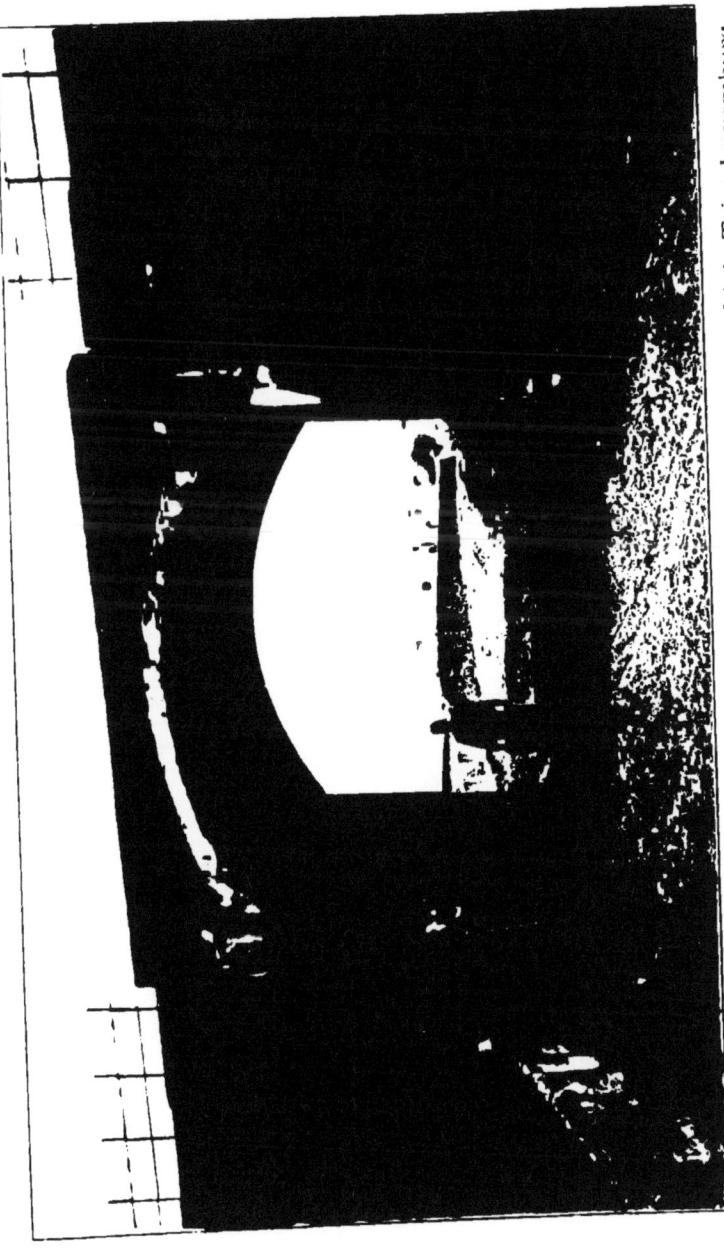

Eisenbahnüberführung nach „System Monier" bei Wasserbillig auf der Linie Trier-Luxemburg.
Spannweite 6,28 m. Scheitelstärke 0,18 m. am Kämpfer 0,25 m.

Tafel 7.

Strassenbrücke nach „System Monier" über die zweigleisige Fischbachbahn bei Merchweiler.
Spannweite 10 m, Breite 4,50 m; Gewölbestärke im Scheitel 0,20 m, im Kämpfer 0,40 m.

Tafel 8.

Fussweg-Ueberführung nach „System Monier" der Fischbachbahn bei Wemmetsweiler.
Spannweite 14,80 m, Constructionshöhe vom Kämpfer bis Gewölbe 4,50 m, Scheitelstärke 0,15 m.

Ueberführung nach „System Monier" der Fischbachbahn bei Wemmetsweiler.

Fussweg-Ueberführung nach „System Monier" zwischen Saarbrücken und Neunkirchen.

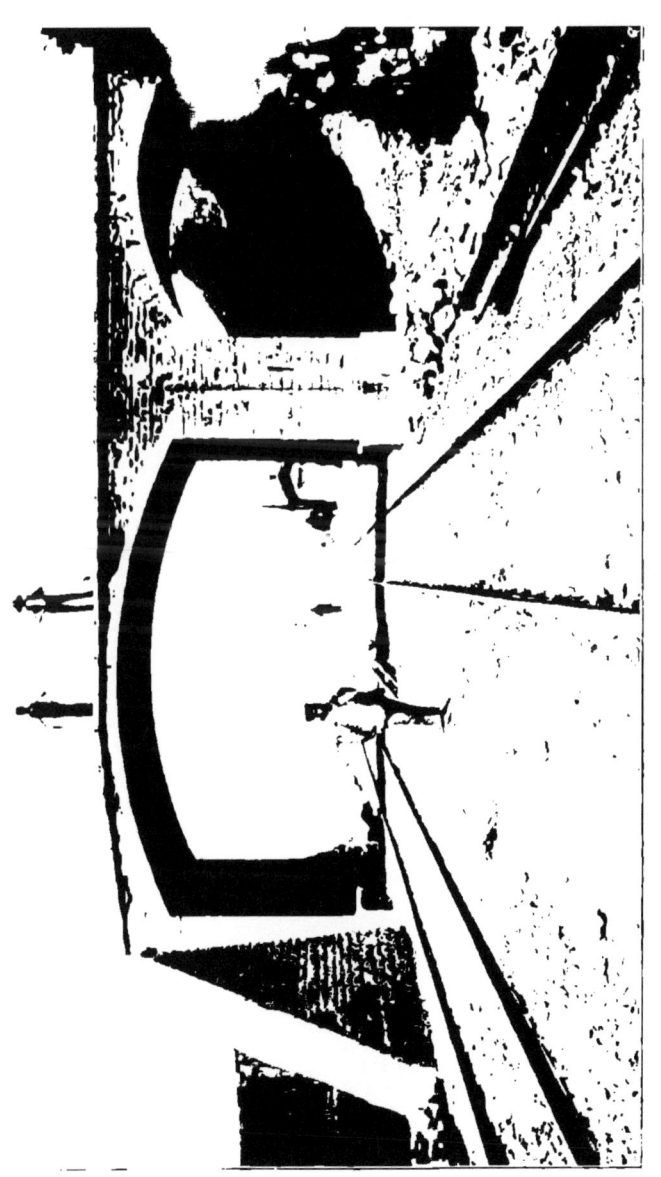

Strassenüberführung nach „System Monier" auf der Bahnstrecke Trier-Perl.
Spannweite 9,40 m, Scheitelstärke 0,15 m.

Versuchs-Object nach „System Monier" der Versuche des Herrn Professor Bauschinger. München 1887.

Belastung 12003 kg oder 824 kg qm.

Melanerbrücke auf der Nordwestdeutschen Gewerbe- und Industrie-Ausstellung Bremen.
Spannweite 40,00 m, Scheitelstärke 0,25 m.

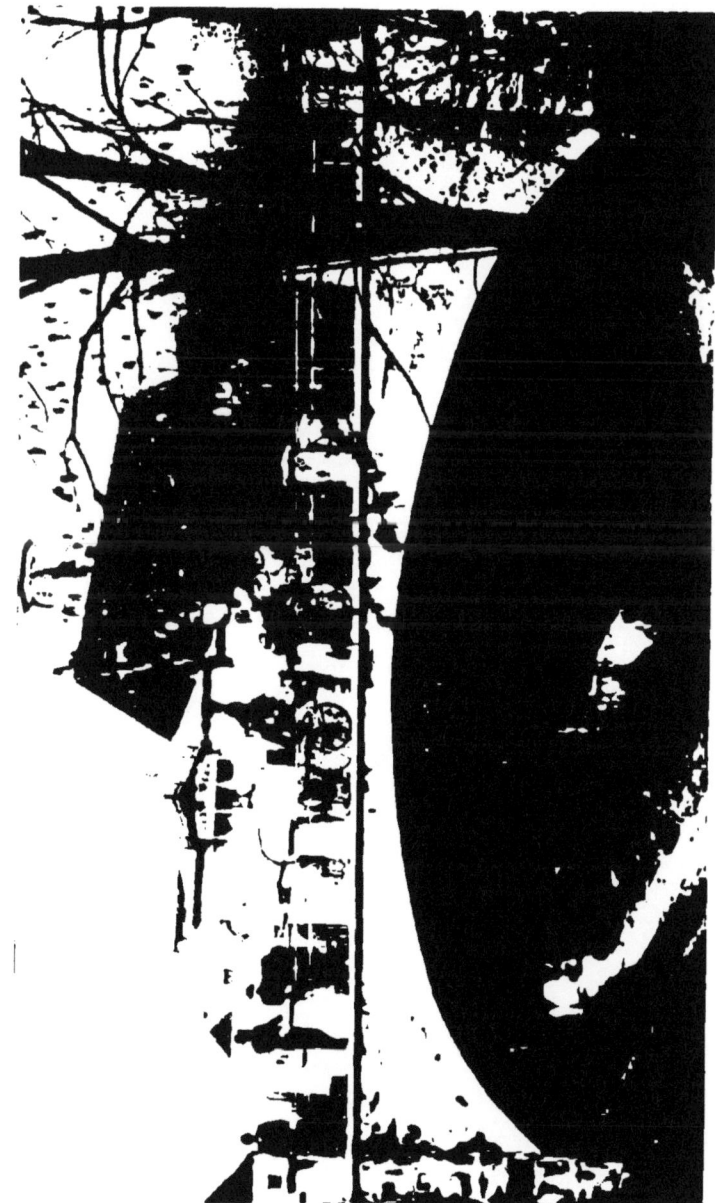

Tafel 11

Tafel 15.

Brücke nach „System Monier" in Hallein.

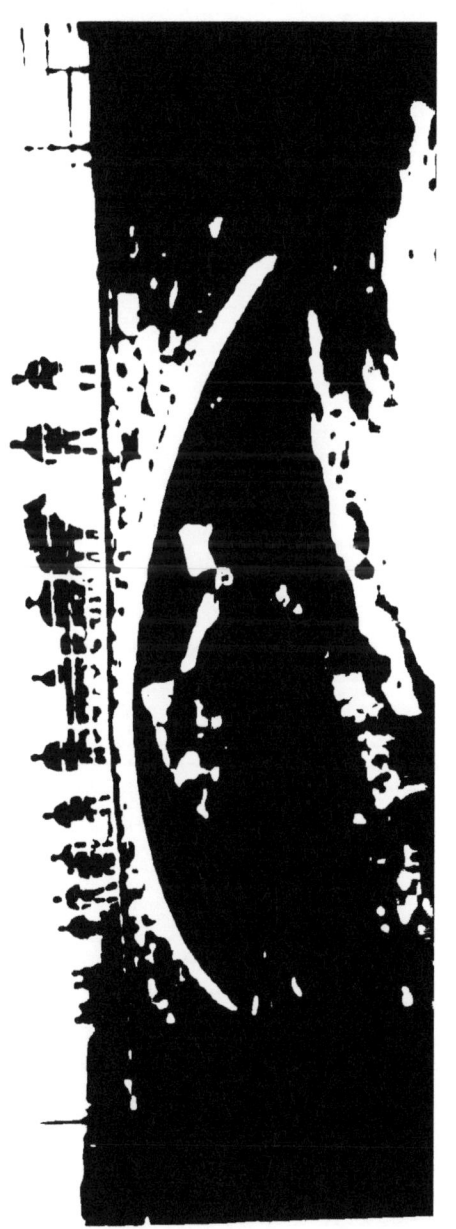

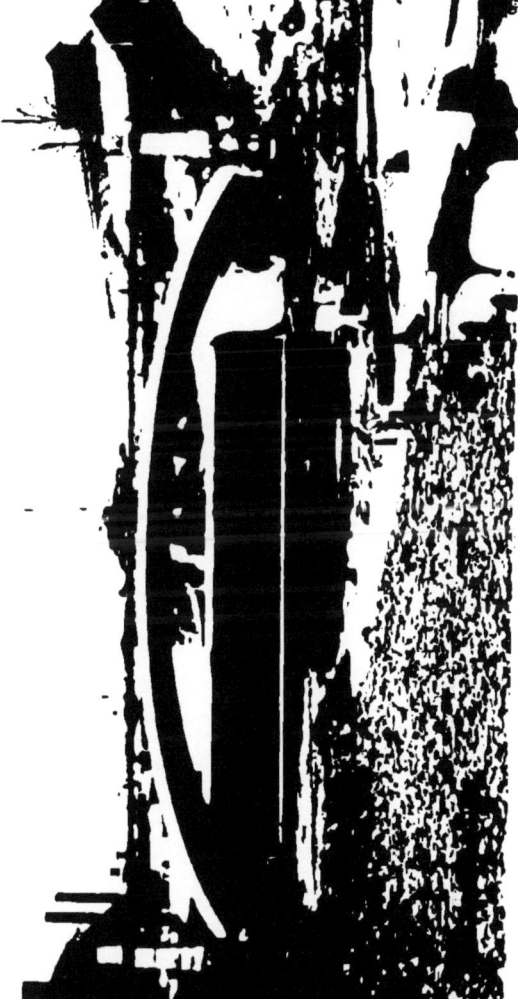

Dorschen-Durchlass nach „System Monier".
Spannweite 0,90 m, Gefundsschuldung 1,80 m hoch.

Hochstegbrücke nach „System Monier" im Höllenthal.

Tafel 20.

Tafel 21.

Brücke nach „System Monier" im k. u. k. Schlosspark zu Laxenburg (Carolinenbrücke).

Monierbrücke im Guntersthal (Bayern).

Tafel 23.

Strassen-Brücke nach „System Monier" über die Südbahn bei Mödling.

Wiener Stadtbahn-Vororts-Linie. Object Hohe Warte nach „System Monier".
Spannweite 10,00 m, im Scheitel 0,15 m, am Kämpfer 0,20 m.

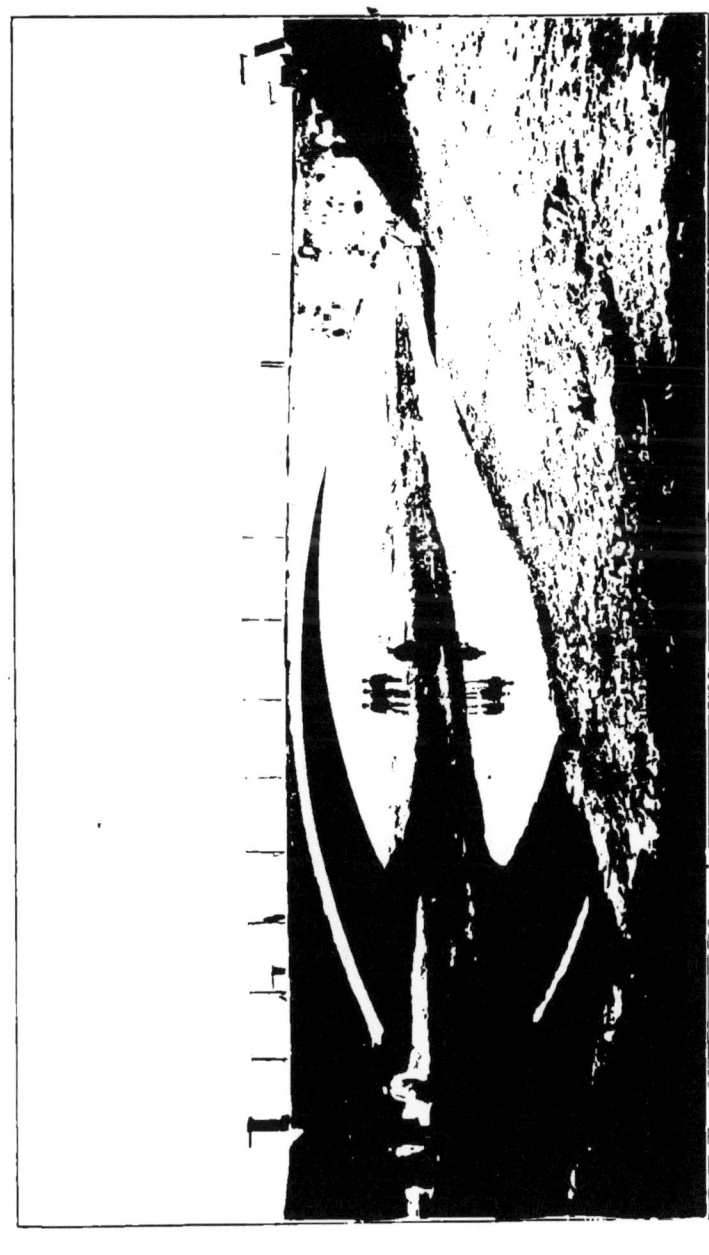

Strassenbrücke nach „System Monier" bei Sárbogárd (Ungarn).

Tafel 26